講談社文庫

寿司屋のかみさん
サヨナラ大将

佐川芳枝

講談社

もくじ

1　サヨナラ大将
夫との約束……10
真夜中の予約の電話……20
雪の日の自転車出前……28
懐かしいお客さん……37

2　寿司屋になるために生まれてきた!
掃除の後のカツカレー……44
ぴかぴかの包丁……53

やばいっ、おいしい、こんなの初めて！……63
最後のテレビ出演……69
大将が壊れた？……74
病床からの「毎度ッス」……82
大将は言いたい放題……94

3　お嬢さん、寿司は好きですか？

初めての見合い……104
寿司屋の質素な食生活……115
煮切り醬油《しょうゆ》のヒミツ……125
大将の寿司講座……131

4　二代目の店

築地《つきじ》から豊洲《とよす》へ……142

おまかせコースをカスタマイズ……147
寿司屋のアミューズ……156
クレジットカード使えます……164
恐怖のオーバーブッキング……168
高価な忘れ物……175
苦渋の決断……181
えっ、ベジタリアン！……186
八年物のホタテ貝……191
シンコ・ロボットがあったら？……195
ちょっとおしゃれなアワビのおつまみ……200
永久保存版のツメ……203

5　おかみさん、けっぱってけろ～

おいしいシャリを作るには……210
超絶！　あん肝の煮つけ……217

あら汁の作り方を教えてけろ……223
海苔巻き担当に復帰しました……227

6　おまえは、ほんとに寿司が好きだなあ

マスター、どこに行っちゃったの？……234
苦かったぶどうパン……241
オイッと呼ばないで……254
私の一人寿司……260
寿司屋で合コン……266

あとがき……277

イラスト／武者小路晶子

寿司屋のかみさん
サヨナラ大将

1　サヨナラ大将

夫との約束

平成三十年九月二十日、私は病院からの帰りのタクシーの中で、今日の予約の確認をした。スマホに入っている予約の一覧を見ると、カウンターは満席だ。シャリは何合炊こうか。八人だったら五合で足りる？　刺身のつまに使うわかめは塩漬けになっているから、帰ったら洗って水につけなくては。薬味の生姜《しょうが》はすりおろし、万能ねぎは切っておく。カウンターのセット、おしぼりの用意……あれこれ考えているうちに、店の前についた。

戸を開けると、息子がまな板から顔を上げて、

「おかえり。お疲れ様でした」

と言った。まな板には目打ちで刺したアナゴがある。それを出刃包丁の先でピーッと開き、骨を取って包丁の背で皮をしごき、汚れをとりのぞいてから塩でよくもんで水洗いする。皮のぬめりをちゃんと取らないと、なまぐさいアナゴになってしまうか

らだ。

きれいになったアナゴを、醤油、砂糖、酒で二十五分煮るから、トータル一時間以上かかる。アナゴの仕込みはいつも早めにするのだが、今日は夕方になっている。

その日の朝の九時に、夫が入院しているホスピスから、

「ご家族、集まってください」

という電話がきた。数日前から覚悟はしていたので、すぐに息子に連絡した。築地《つきじ》の魚河岸《うおがし》で仕入れ中だった息子は、

「いったん店に帰って、魚を冷蔵庫にしまってから行くよ」

と言い、そのうしろから、

「えーっ、らっしゃい、毎度！」

仲買の威勢のいい声が響いてくる。いつもと変わらぬ市場のざわめきを聞くと、

「退院したら、『正本《まさもと》』で新しい包丁を買いたいなあ」

病床で夫が言ったのを思い出した。包丁は板前の命というのが口癖だったから、市場が移転する前に、なじみの刃物店に行きたかったらしい。

（お父さん、もう新しい包丁いらないんだ……）

思ったとたん、涙が洪水のようにあふれた。でも泣いている時間はない。私はタオルで顔を拭き、タクシーを呼んだ。

病室に行くと、夫は穏やかな顔で目を閉じていた。

「もっと寿司《すし》を握りたかったよね、お父さん」

私は、夫の手をさすりながら言った。

しばらくして息子と娘が駆けつけると、

「ご臨終です」

医師から告げられた。そのあと、息子は仕込みをするために店に戻り、私は病院の手続きを済ませ、遺体を葬儀社に預けて帰ってきた。なんと事務的で冷たい家族と思われるかもしれないが、これにはわけがある。一年前に、肺がんステージⅢと宣告されたとき、夫に言われた。

「おれに何かあっても、お客さんには絶対に迷惑をかけるなよ。家族葬にして、葬式が終わるまでお客さんには言うな。みんな忙しいんだからな。

新小岩《しんこいわ》の大旦那とおかみさんにも、全部終わってから知らせてくれ。二人とも高齢だし、心配かけたくないんだ」

新小岩の大旦那さん夫妻は、夫が修業中にお世話になった方々だ。夫のことを「カズちゃん」と呼んでかわいがっていただいたし、私たち夫婦の仲人でもある。

さらに二代目の伸一郎《しんいちろう》さんのもとで、息子の豊《ゆたか》が修業させてもらったから、親子二代、新小岩の名登利鮨《なとりずし》でお世話になっている。そこにも、知らせないでくれと言うので驚いた。

それにしても、なんて不吉なことを言うんだろう。今は新薬がたくさん出ているから、きっとよくなると思ったが、

「……分かりました」

仕方なくうなずくと、

「いいか、頼んだからな」

厳しい顔で念を押した。そういう約束をした以上、店を休むわけにはいかなかった。仕事着に着替え、店の掃除を終えるともう開店時間だった。看板に灯《あか》りをつけるのと同時に予約のお客さんが見えた。三人で予約の三田《みた》さんだ。三田さんは、きりっとした美しい娘さんとそのご両親の一家で、月に一度は来てくれる。ご主人は夫と同じ時期に胃がんが見つかったが、手術が成功してすっかり元気になった。

「生ビールください」

ご主人が嬉《うれ》しそうに註文《ちゅうもん》した。

「飲めるようになってよかったですね」

と言うと、

「大将のお加減はどうですか？」

奥さんが尋ねた。

「ええ、まあ……」

「きっとよくなりますよ。うちの主人だって、こんなに元気になったんですから」

やさしく言ってくれたので、

「そうですね」

私はできるだけ明るく答えた。せっかく来てくれたのだから、家族で楽しく過ごしてもらいたかった。

それから次々にお客さんが見えて、カウンターは満席になった。店の中には炊きたてのシャリ、新鮮な魚、海苔《のり》などが混じったいい香りが漂っている。この香りの中で、いっしょに働いてきた夫はもういない。そう思うと、また目の奥が熱くなったが、ここで泣いたら立ち上がれなくなる。笑顔を作って、お客さんを迎えた。

つけ場の中では息子が月見イワシを作っている。これは今から三十年くらい前に夫が考案した、うちの店の一番人気のつまみだ。息子は鮮度のいいイワシを手びらきにして、骨抜きで丁寧に小骨をとる。

夫は包丁で開いて、小骨はほとんど取らなかった。イワシに小骨があるのは当たり前だとよく言っていたが、息子は口に入れたときに小骨があると、味を感じる前に食べるのが嫌になると言い、丁寧に取る。この作り方のほうが、お客さんに好評で、

「これ、イワシですか？　骨がぜんぜんない」

と目を丸くする人もいる。きれいになったイワシを削《そ》ぎ切りにして丸皿に放射状に並べ、真ん中に玉子の黄身を置き、黄身の上におろした生姜とニンニクを少々乗せる。

イワシには万能ねぎの刻んだのを散らしてある。食べるときはユッケのように黄身を崩して薬味と混ぜイワシに絡める。こうするとまろやかな味わいになるのだ。

以前は大きい皿に人数分を盛って出していたのだが、最近は、一人分ずつ小分けにしている。そのほうが食べやすいし、他人と食べ物をシェアするのは、抵抗があるという人が増えたからだ。

大皿に盛るよりも手間はかかるが、小分けのほうが見た目もおしゃれだ。月見イワシをカウンターに置くと、

「わあ、きれい。写真を撮っていいですか？」

初めて見えたお客さんが言い、

「どうぞ」と答えるとスマホのシャッター音が響いた。

しばらくして三田さんから、

「おかみさんの玉子焼きをください」

と声がかかった。いつもなら六時には焼き上がっているのだが、今日はまだできてなかった。自分ではしっかりしているつもりでも、どこかぼんやりしている。

すぐに鰹節《かつおぶし》でだしをとり、砂糖、塩、醬油を入れ、鶏卵とよく混ぜ合わせた。銅でできた、ずっしり重い玉子焼き器に油をひき、卵液を流しいれる。じゅうっと景気のいい音が響き、ホットケーキのような甘い香りが厨房《ちゅうぼう》に広がった。熱々の玉子焼きを大きく切ってお出しすると、ほかのお客さんからも、

「おいしそう。私もください」

次々に註文が来て、あっという間に売り切れた。

カウンターのいちばん奥に座った塚田《つかだ》さんの前には、ヒラメ、イカ、カワハギの昆布締めが並んでいる。羅臼《らうす》昆布の濃い味が染みた昆布締めは、塚田さんの好物だ。

「この昆布締めは香りが強くてうまいなあ。ヒラメの縁側は歯ごたえがあるし」

塚田さんは感心したように言った。

「今、昆布から取り出したばかりですから」

息子が分厚い羅臼の昆布を見せると、

「そうか、やっぱりね」

とうなずいた。みすずコーポレーションという、明治三十五年創業の老舗食品会社の社長だから味に敏感だ。

二十年来の常連の塚田さんは、いつも夫の前の席に座り、サッカーや野球や競馬の話を楽しそうにしていた。夫と仲よしのお客さんなので、入院していることはお話ししてある。

長野《ながの》に住む塚田さんは新幹線で帰るから、八時には店を出る。帰る前に、シジミの味噌汁《みそしる》とトロ巻きを註文するのがいつものコースだ。塚田さんのトロ巻きは、大トロをザクッと切り、わさびをきかせて巻く。

トロ巻きを食べ終わると、

「おかみさん、今度、小布施《おぶせ》の新栗《しんぐり》の茶巾絞り送りますよ。大将に一口でも食べさせてあげてください」

塚田さんが言ってくれた。新栗の茶巾絞りは長野県の小布施の銘菓で、栗だけでできた、贅沢《ぜいたく》なお菓子だ。口に入れるとほろりと溶けて、栗の香りと素朴な甘みが広が

る。夫はこのお菓子が大好きで、

「うまいなあ……」

と、いつも、うっとりした顔で食べていた。

「ありがとうございます。きっと喜びます」

私は笑顔でお礼を言い、厨房に駆け込んで目を押さえた。

三田さん一家も、

「大将、お大事にね」

「早く退院できるといいですね」

と言ってくれたので、

(黙っていてすみません)

胸の中で謝りながらお見送りした。

もう一組のお客さんは、外資系の会社に勤める小野さんと同僚の女性だった。二人はずっと仕事の話をしていたので、何かあったのかなと思ったけれど、余計なことを言ってはいけない。こちらからは話しかけないようにしていた。

閉店近くなってお茶を運ぶと、

「おかみさん、聞いてください。今日は二人だけの送別会だったんです。彼女のせいじゃないのに、トラブルの責任取らされたみたいな形で、会社を辞めることになったんですよ」

　小野さんがくやしそうに話した。

「ええっ、それはひどいですね」

「でも、ここのお寿司を食べたら元気が出ました。もう大丈夫です。明日から就職活動します。私、負けませんから」

　連れの女性が、力強く言ったので、

「やっぱり、お寿司にしてよかった」

　小野さんは、ホッとした顔になった。

真夜中の予約の電話

「ごちそうさまでした」

「おかみさん、また来ますね」

手を振って帰る二人を見送ると、もう十時過ぎだった。

「忙しかったね」

ネタケースを洗っていた息子が言った。ケースの中の魚を冷蔵庫に移し、空になったネタケースを磨き上げるのが一日の総仕上げだ。つけ場の片付けには小一時間かかる。その間に私はグラスや小皿を洗ったり、フキンの熱湯消毒などの細かい仕事をする。

「でも店を開けてよかった。みんなお寿司を楽しみにしていたのに、臨時休業にしたら迷惑かけちゃうところだった。お父さんの言ったとおりにできたから、喜んでくれてるわ、きっと」

「うん、小野さんたち、元気に帰ったしね。オカン、朝から何も食べてないんでしょ。これから葬式やなんかで大変なんだから、寿司食べて力つけてよ」

いつの間に作ったのか、私の好きなネタばかりが並んだ、寿司の皿を差し出した。

「ありがとう、全部片付いたら食べるから」

「それがいいよ」

息子は嫁の実家がある足立区《あだちく》に住んでいて、バイク通勤している。息子が帰ると、私はスマホに入っている夫の写真を開いた。まだ病気が分かる前に写したもので、お酒を飲んでいるせいか顔が赤い。写真嫌いだった夫は、いつも渋い顔なのだが、これは機嫌よく笑っている。

この写真を撮ったのは、ほんの一年前だ。こんなことになるとは夢にも思わず、九州旅行の計画を立てていて、

「天草《あまくさ》の漁場は、ずっと行きたかったんだ。楽しみだなあ」

と張り切っていた。そんなことを思い出したら胸が締め付けられ、私は両手で顔をおおって、しばらく泣いた。それからふっと考えた。

葬儀用の遺影にはこの写真を使おうか。仕事着姿だけど、このほうが寿司屋の大将らしくていいかもしれない。どうにも止めようがない悲しみと現実的なことが、交互

に浮かんでくる。

とにかく、今夜は一人でお通夜をしよう。写真の前にビールのグラスと寿司の皿を置いた。夫が元気なころは、仕事が終わるとこのテーブルに座って、晩酌しながらおしゃべりした。話題はほとんど仕事がらみだった。

久しぶりに来てくれたお客さんのことや、季節の魚、昆布やガリが高くなったなど、とりとめなく話しているうちに日付が変わり、

「あら、もうこんな時間。片付けましょう」

「そうだな。明日は仕入れが多いからな」

慌てて立ち上がった。

楽しい晩酌にはつまみが欠かせない。

（今夜のつまみはなんにしよう）

私は頭をひねり、夫の喜びそうなものをせっせと作った。仕事しながら下ごしらえするのであわただしかったが、自家製の焼き豚に茹《ゆ》でた小松菜を添え、甘辛いタレをかけまわしたつまみ。

お通しにしたズワイ蟹《がに》の残りで作ったかに玉。和風ロールキャベツは、かんぴょうでしっかりしばる。よく煮込んでべっこう色になったかんぴょうは、かすかに酸味が

あって自然な味がするから、夫はロールキャベツよりも、かんぴょうをほめていた。

冬は寄せ鍋や鶏の水炊きなど、夜遅く食べるにはカロリーの高いものが多かったが、夜ご飯代わりだからいいだろうと、せっせとこしらえた。

病気が分かってからも、小康状態のときは家にいたので晩酌できた。ある晩、薄いウーロンハイを飲んでいた夫が、

「このまま、うちにいられるといいけどなあ……」

いつになく、気弱な声でつぶやいたのでドキッとした。

「大丈夫よ。新しい薬が合いそうだって、先生が言ってたじゃない。それより熱いうちに食べて。おいしいわよ」

私はできるだけ明るく言い、揚げたての春巻きがのった皿をテーブルに置いた。その晩は、平貝《たいらがい》とイカ、車エビなどを入れた海鮮春巻きを作った。平貝もイカもエビも残りものだが、細かく刻んで、長ねぎ、シイタケと炒《いた》め、塩コショウと醬油、隠し味に砂糖少々を入れ、水溶き片栗粉《かたくりこ》でまとめる。

それを春巻きの皮で包んで揚げるので手間がかかるが、その晩はあまり忙しくなかったので、合間に作っておいたのだ。揚げるとぷーっとふくれ、厨房がおいしそうな香りで一杯になった。

夫は狐色《きつねいろ》の春巻きに辛子《からし》醤油をつけて、ぱくりと食べた。私も口に入れると、目分量で作ったのに、具にしっかり味がついている。平貝はしゃきっとしているし、エビの甘みもある。油で揚げているのに、ぜんぜんしつこくないのは、素材がいいからだろう。

「うまいな、これ」

と言いながら、夫は春巻きを三本も食べたので、食欲があるからよかった。これなら大丈夫と思ったのだが、それも束《つか》の間《ま》、数日後にまた入院することになった。一時収まったかに見えた悪性腫瘍は、急速に勢力を増していたのだ。

夫が入院してから、私は一人で晩酌をするようになった。食欲はなかったが、夕食を食べてないので何か口に入れなくてはいけない。マグロの漬けの切れ端、ヤリイカのゲソ、残った玉子焼きなど、簡単に食べられるものをビールで流し込んだ。

そんなさびれた日々でも、今朝まで夫はこの世にいた。でも、今夜からは本当に一人だ。そう思ったら寿司を食べても味がしない。

若いころ、夫に、

「おまえは、ほんとに寿司が好きだなあ」

と、あきれ顔をされ、

「食べ物の中でいちばん好きよ。私に寿司食べるか？　って聞いて、いらないって言ったら病気だから、すぐ病院に連れてってね」

と言って、笑われたことがあった。

寿司が好きなのは今も変わらないが、あまりにつらいと、味覚もおかしくなるらしい。息子が握ったアナゴの味も感じないし、コハダもかすかに酸味が分かるだけだ。それでも八貫を飲み込むように食べ、時計を見たらもう夜中の一時過ぎだった。

明日は葬儀の日程を決めなくてはならない。早く寝ようと立ち上がったとき、電話が鳴った。こんな時間になんだろう？　振り込め詐欺かしらと、あやしみながら受話器を取ると、

「もしもし、来週の予約をしたいんですけど」

女性のかん高い声が聞こえてきた。いつも電話をとっているから、常連さんの声は分かる。でも、この声は記憶になかった。どちらにしても、葬儀の日程が決まっていないので予約は無理だ。

「すみません、ちょっと分からないんですけど」

「えっ、なんで？　来週よっ」

「でも、分からないので……」

「それってどういうこと？　おかしいじゃないっ」

居丈高に言われたとたん、思ったことがそのまま口に出た。

「こんな時間に電話をかけてくるような人に、うちの寿司を食べてもらいたくないですっ」

「ちょっと、あんたなに言ってんの。もしもしっ、もしもしっ」

尖《とが》った声が聞こえたが電話を切った。そのあと、コール音が響いたけれど無視した。

夫が部屋で臥《ふ》せっているときだったら、夜中に電話が鳴りひびいたらたまらないが、もう病人はいない。気が済むまでどうぞと思っていると、十分以上鳴り続けてようやくやんだ。時刻は一時半だ。

繁華街には夜中までやっている寿司屋もあるが、うちのホームページには夜十時閉店と書いてある。電話番号が分かるのだから、ホームページも見ているはずだ。こんな時間に電話してくるなんて、どういう人なのだろう。

それから考えた。夫が亡くなって落ち込んでいるときだから、きつい返答をしたのか？　明日、かけなおしてくださいと言えばよかったのか？　いや、普通のときでも、夜中の一時過ぎに電話してきたら非常識と思うはずだ。

これから息子と二人で店をやっていくのだから、そんなに大勢は入れられない。マナーの悪い人が来るくらいなら、お茶ッぴきのほうがましだ。

「そうでしょ、お父さん」

写真に話しかけると、

「うん、それでいい」

と、うなずいてくれたような気がした。

雪の日の自転車出前

葬儀は三日後に決まり、その日まで粛々と仕事をしたが、部屋に一人でいると、ぬぐってもぬぐっても涙が出てくる。あの屈託のない笑顔、鮮やかな包丁さばき、寿司を握るしなやかな指先を、もう二度と見ることができない。そう思うと、体中の水分が涙になって出ていくようで、顔がカサカサになった。

先立たれていちばん辛《つら》いのは子供、次が連れ合いだという。そのころの私は、息をするのさえ辛く、

(お父さんがいないのに、なんで私は生きてるんだろう?)

ぼんやり考えていた。そんな私を支えてくれたのは仕事だった。

夕方になると髪を整え、きちんと化粧をして店を開けた。息子もきれいな白衣を着て、さっぱりした顔でつけ場に立つ。

こういうときだからミスがないように、予約のお客さんの顔ぶれを見て、

（この人は吟醸酒が好きで全種類飲むから、多めに冷やす。この女性は焼酎の緑茶割りだから、氷をたくさん用意する。太巻きのお持ち帰りがあるかもしれないから、シャリは多めに炊こう。折箱も用意して……）

と、思いつく限りの準備をしたが、用意したはずの折箱が見つからなかったり、氷を出しっぱなしにして溶けてしまった、などということもあった。体は動いても、心がついていかなかったのだろう。

不思議なことに通夜の日は店の予約がゼロ、告別式は火曜日で定休日、翌日も休みなので、まったく仕事に支障は出なかった。夫の願ったとおり、お客さんに迷惑をかけずに済んだので、

「お父さんすごいね」

「さすが、逝くときまでサービス業のプロだわ」

家族で泣き笑いした。

亡くなった当日から、葬儀までの間の四日間に来てくれたお客さんには、あとで事情を話し、

「黙っていてすみませんでした。大将の遺言でしたので」

とお詫《わ》びすると、

「ご愁傷様です。しかしぜんぜん、分からなかった。二人ともまったく態度に出さなかった。すごいですね」

驚いた顔で言われた。小野さんは、

「あの日に大将が亡くなったなんて、思いもしなかったです。こちらの話ばかりして、おかみさんつらかったのに聞いてくれて……」

涙ぐんで言ってくれたし、長野の塚田さんは、

「そうか、新栗の茶巾絞り、間に合わなかったか」

がくっと肩を落としてつぶやいた。

「でも、霊前に供えさせていただきましたので、きっと喜んでいると思います」

「大将がいなくても、僕は来ますよ。二代目を応援しますからね」

その温かい言葉が、胸にしみ込んだ。

店に見えなかったお客さんには、喪中葉書でお知らせした。すると常連のお医者さんのグループは、店を貸し切りにして「大将をしのぶ会」を開いてくれたし、海外赴任しているお客さんや地方のお客さんからも、お線香やお花、お菓子、お酒が山のように届いた。

大手広告代理店を定年退職し、念願だった農業を始めた金井さんは、

「僕と女房が収穫した米を、大将に食べてもらいたかったのになあ……」

と言って、新米を持ってきてくれたので、炊きたてを仏前に供えた。寿司米に向きそうな、しゃきっとしたおいしいお米だった。

印象的だったのは堀江創《ほりえそう》くんだ。創くんは小学生のころから家族で来てくれていて、中学校の宿題の職業調べに寿司屋を選び、夫に取材してレポートを書いた。

それからというもの、夫は、堀江さん一家が来るたびに、

「創くん、寿司屋になりなよ。きっといい職人になるよ」

と言っていた。

もともと食に興味があったらしい創くんは、高校卒業後、大阪《おおさか》の調理師学校に入ることになった。寿司屋ではなくパティシエを目指すと聞いて、ちょっとがっかりしたようだったが、大阪行きの挨拶に来た創くんに、

「がんばれよ。期待してるぞ。世界一のパティシエになってくれよ！」

夫は笑顔で言った。でも、創くんが帰った後で、

「おれはもう、あの子に会えないかもしれないな……」

ぽつりとつぶやいた。

「なに言ってるの。夏休みに帰ってくるから会えるわよ」

なんて不吉なことをと、慌てて言ったけれど、それっきり創くんに会うことはなかった。

亡くなったのを知った創くんは、ハーバリウムという、ガラス瓶にドライフラワーをいれてオイルを詰めたものを贈ってくれた。これはずっと飾っておけるし、夫の好きな鮮やかなブルーで、とてもきれいだ。

「お父さん、創くんからいただいたよ。大阪のケーキ屋さんで、アルバイトしたお金で買ってくれたんだって。やさしいね」

私は、そう報告して仏前に供えた。

新小岩の大旦那さん夫妻には、一年間の闘病生活から亡くなるまでのことを手紙に書き、本人の意向で知らせなかったことをお詫びした。するとおかみさんからすぐに電話がきた。

「実はね、この前、カズちゃんの夢を見たから、気になって仕方なかったんだけど……」

おかみさんは修業時代からずっと、夫のことをカズちゃんと呼んでいる。

「大きな窓がある病室にカズちゃんが寝てて、その窓から金色のお寺の屋根が見えるのよ。で、芳枝《よしえ》さんがカズちゃんの枕元でずっと泣いてるの。

『カズちゃん、どうしたのよっ』

って言ったら、

『おかみさん、おれもう歩けないんだ。起きられないんだよ……』

それは悲しそうに言うのよ。

『しっかりして、カズちゃんらしくないわ。そんな弱気でどうするの』って、言ったところで目が覚めたの」

おかみさんがその夢を見たのは、夫が亡くなる数日前のことだという。夢に出てきた病室は、夫がいた病室にそっくりだった。私は看病に疲れると窓際に立って、秋空に浮かぶ雲と、道路の向こう側にあるお寺の屋根を眺めていた。

「じゃあ、うちの人、おかみさんにお別れに行ったんですね」

「そうかもしれないわ。あの元気なカズちゃんが、私たちより先に逝くなんて、十歳も若いのに……」

あとは言葉にならなかった。

短歌を詠むのが趣味の大旦那さんは、夫の修業時代をこんな短歌にして贈ってくれた。

おかみさんはコワカッタねのひとことを　も一度聞きたしと妻はぽつりと

雪の日の自転車出前ころびたり　君も私も若かったよね

あと五軒で二百軒です！と正月出前　私にハッパをかけた出前持ちの君

夫が新小岩の店で修業していたのは、昭和四十二年から四十八年までの六年半だ。大学を中退して二十一歳で寿司屋に入ったからスタートが遅い。それに、当時は中学を卒業して修業に入る人がほとんどで、高卒ですら珍しかった。東京生まれで大学中退なんて、どうせすぐに辞めるだろうと色眼鏡で見られ、「全学連」とあだ名をつけられ、先輩からなかなか仕事を教えてもらえなかった。それでも、修業に来てるのだから、厳しくて当たり前と割り切って働いたそうだ。

当時の寿司屋の出前持ちは、岡持ちを片手提げ、自転車で配達していた。岡持ちは白木でできていて、重さが五、六キロある。そこに寿司桶《おけ》を入れて運ぶのだから、なれるまでが大変だ。夫は水の入った丼を岡持ちに入れて、こぼさないで運べるように練習したという。

「雪の日の自転車出前」というのは、こんな出来事だ。夫が修業に入ったばかりのころ、東京に大雪が降った。その日、お得意さんから上寿司十人前という註文が来て、いちばん下っ端の若い衆だった夫が、雪の中、自転車で出前に行った。

しばらく行くと車が猛スピードで走ってきて、よけようとして自転車ごと倒れ、寿司が道路に散らばってしまった。散らばった寿司をかき集めて店に帰り、

「旦那さん、すみません……」

泣きべそをかきながら言うと、旦那さんは一言も文句を言わずに寿司を作り直してくれた。おかみさんは、

「けががなくてよかった。よそ様の大事な息子さんを預かっているんだからね」

と、熱いタオルを渡してくれたという。おかみさんは仕事には厳しいが、ふだんはやさしくて面倒見がいい。寿司屋の女房の鑑《かがみ》のような人だから、おまえも見習えと、夫がよく言っていた。

夫は雪が降ると、いつも、

「あのときのことを考えたら、おれはどんなことでも辛抱できる」

自分に言い聞かせるようにつぶやいていた。

昭和四十年代はコンビニもファミレスも少なくて、正月は寿司屋だけが営業していた。おせちに飽きて出前を取る家が多く、食事をする時間もないから、立ったまま、一口大に握ったお握りをほおばって、配達にでた。出前の数でその年の景気を占うというような意味もあり、正月は一年でいちばん重要なときだった。それにしても新小岩の店の、一日二百軒の出前はすごい。うちはせいぜい五十軒くらいだった。

ちなみに、夫が修業に入った昭和四十三年ころの上寿司は、一人前三百七十円だったと、大旦那さんが書き添えてくれた。

懐かしいお客さん

夫が亡くなって数日後、五十代半ばくらいのご夫婦がみえた。ご主人はがっしりした体形の落ち着いた感じの人で、奥さんは色白のやさしげな人だった。予約の電話のときに、

「新潟《にいがた》から行きます」

と言ったので、

「店の場所、分かりますか？」

念のため聞いたら、昔、近所に住んでいたから大丈夫ですとのことだった。カウンターに座ると、ご主人は懐かしそうに店の中を見回している。

「前に来ていただいてますか？」

と聞くと、

「僕は前に伺ってますが、妻は初めてです」

と言う。顔をよく見たが分からない。夫がいれば分かったかもしれないと思ったら、また悲しみが湧いてきたが、笑顔を作って生ビールを運ぶと、

「あのう、マスターは？」

ご主人が遠慮がちに尋ねた。

夫をマスターと呼ぶお客さんは珍しい。と思いながら、

「実は、先週、亡くなったんです」

と言うと、

「ああ、しまった。なんでもっと早く来なかったんだろう」

肩を落としてつぶやき、奥さんも残念そうに溜息《ためいき》をついている。なんだかわけがありそうだ。と、ご主人が、つけ場の中の息子を見て、

「息子さんですか。マスターにそっくりですね」

目を細めて言ったので、いつごろ来ていただいたのか聞こうとしたが、次々にお客さんが見えて忙しくなった。

ご夫婦は、息子の勧めるつまみや寿司をおいしそうに食べ、八時過ぎになると、

「お勘定してください。この名前で領収書をお願いします」

名刺には、R工務店代表取締役《だいひょうとりしまりやく》と書いてあるが、それにも覚えがない。領収書を

お渡しすると、ご主人が思いきったように話し出した。

「実は私は、昔、読売新聞の奨学生だったんです。それで学生のころ、こちらに新聞を配達してて、集金にも来てたんですよ。当時はお店を建て直したばかりで、新築の匂いがしてました」

「ああ、読売さんの学生さんですか」

思わず大きい声が出た。

木造二階建てだった店を、四階建てのビルにしたのは、昭和五十五年だった。その当時、近所の新聞配達所の寮に、大学に通いながら新聞配達をしている奨学生が何人かいた。

学生さんたちは、給料が入るとちらし寿司《ずし》を食べに来たので、シャリは大盛りにして、ゲソとかマグロの切れ端などをたくさん乗せたちらし寿司を出していた。当時五百円くらいだったが、学生さんにとっては月に一度の贅沢らしく、それは嬉しそうに食べていた。

「じゃあ早稲田《わせだ》通りの営業所にいたんですね」

「はい。営業所のあったところにいったら、マンションになってました。卒業するとき、僕はこちらに、挨拶がてら寿司を食べに来たんです。そのとき、ちらし寿司じゃ

なくて、上寿司を頼んだら、

『おにいちゃん、四年間がんばったな。えらいぞ』

って、マスターが寿司をどんどん出してくれて、こんなに頼んでないのにどうしようって心配になったら、五百円でいいよって。出世したら、また食べにきてくれればいいんだって言ってくれました。もっと早く来たかったんですが、仕事に追われてて……。やっと、あのときのお礼を言いに来たのに残念です」

それを聞いて思い出した。春になると、学生さんが入れ替わる中、一人だけ挨拶に来てくれた人がいた。就職が決まり、田舎に帰るというので、

「わざわざありがとう。がんばってね」

「また寿司食べに来てくれよ。

と言って見送り、そのあとで、

「しっかりしたいい子だったわね。なんだか寂しいわ」

「あれなら社会に出ても立派にやっていけるよ。新聞配達を四年間、やったんだからな。うちの若い衆にほしいくらいだ」

と、二人で話した記憶がある。

「あのときの学生さんなんですね、立派になって。夫がいたら、きっと喜んだのに」

懐かしさで一杯になって言うと、

「マスターにお礼を言いたかったのに残念です。あのころの仲間に会うと、ここのちらし寿司の話が出ます」

「私も、このお店の話を聞いてました。おかみさんの本も全部読んでます。だからぜひ来たかったんです」

奥さんも目を潤ませている。二人が名残惜しそうに帰ってから、

(寿司は食べたら消えちゃうけど、おまえの本は残るからいいなってよく言ってたわね。でも、お父さんの寿司は、いろんな人の記憶の中に残ってるじゃない。よかったね、お父さん)

私は胸の中でつぶやいた。

2　寿司屋になるために生まれてきた！

掃除の後のカツカレー

平成二十九年九月十一日の朝ご飯はカツカレーだった。朝からそんな重いものをと思われるかもしれないが、食べるのは十一時ころだから、早めの昼ご飯という感じだ。

うちの店は火曜日、水曜日が休みなので、月曜日の午前中に大掃除をする。その日は月曜日で、息子は厨房と店、夫はつけ台の中と冷蔵庫の掃除をした。生ものを扱う仕事は清潔が第一だから、冷蔵庫の中は水を流して、ピカピカに磨き上げる。

掃除が終わり、ちょっと固めに炊いたご飯にとんかつを乗せ、カレーをかけて三人で食べ始めた。いつものように新聞を読みながら食べていた夫が、突然、

「もういらねえわ」

かちゃっとスプーンを置いた。皿にはカレーが半分以上残っている。カツは揚げたてだし、カレーもおいしいのに、と思ったら、

「なんだか気持ちが悪いんだ」

そう言う夫の顔色が青ざめている。さっきまで演歌を歌いながら、楽しそうに掃除をしていたのにどうしたんだろう。心配になって、かかりつけのクリニックに行くように言うと、

「大丈夫だよ。ちょっと休めばよくなるから」

だるそうな声で言った。

「駄目よ、すぐに行ってきて」

「いや、いいよ」

まだ、立ち上がらない。

「とっとと行きなさい！」

夫は私の剣幕におそれをなしたらしく、しぶしぶ出かけていった。

「オトン、大丈夫かな……」

息子が気がかりそうにつぶやいた。息子は四十過ぎてお父さん、お母さんと呼ぶのは照れくさいらしく、私たちのことをオトン、オカンと呼ぶ。

「何でもないと思うけど、診てもらったほうが安心だからね。首の手術もしてるし」

その年の四月、夫は頸椎《けいつい》の手術をした。五十年間、うつむきながら寿司を握ってき

たせいで、頸椎の軟骨がすりへって、手のしびれや肩の痛みを引き起こしていた。よくある職業病で、寿司屋だけでなく、鰻《うなぎ》屋さんとか蕎麦《そば》屋さんにも多いらしい。

幸い手術は成功して、二週間後には仕事に復帰した。とはいえ、七十歳で全身麻酔の手術をしたのだから、体力は落ちているに違いない。何かあったら大変だから、早く病院に行くように言ったのだ。

一時間ほどして帰ってきた夫は、

「白血球が一万六千もあるから、中野《なかの》の総合病院に行って検査したほうがいいって、紹介状もらってきた」

封筒をひらひらさせながら言った。

「私、いっしょに行こうか？」

「大丈夫だよ、子供じゃないんだから。一人で行くよ」

「そうか。中野なら、検査の帰りにパチンコ屋に寄れるものね」

「へへっ」

と、肩をすくめたから、そのつもりだったらしい。夫はパチンコが大好きで、休みの日は朝から夕方までパチンコ屋にいる。何年か前、パチンコ屋の入り口で転倒し、胸をひどく打ったことがある。それでも、気が済むまで勝負してから病院に行き、胸にコルセットを巻いて帰ってきた。

「なんですぐ病院に行かないの？」

　あきれて言ったら、

「早く行っても遅く行っても変わらないよ。肋骨《ろっこつ》二本にひびが入っているから、治るまでひと月かかるって。ああ、しゃべると痛い……」

　と、胸を押さえてうめいていた。パチンコをしているときは痛くなかったのか不思議だったが、しつこく言うと、

「うるせえなっ」

　と怒鳴るから、やめにした。

　夫は五十歳のとき夕バコをやめたのに、パチンコから帰ってくると、夕バコの匂いが服に染みついている。他人の副流煙で体を悪くしたらばかばかしいので、

「お父さん、このままじゃ肺がんになるわよ。パチンコをやめたくないなら、せめて禁煙の店を探したらどう？」

　と何度も言ったが、

「いや、いいんだ。おれのことは気にしないでくれ」

　うっとうしそうにそっぽを向く。

「そうね、ひとは好きなもので身を亡《ほろ》ぼすって言うから、自己責任よね」

夫も私もそれが間近に迫っているとは思わず、軽い調子で言い合っていた。


翌朝、八時に家を出た夫は、なかなか病院から帰ってこない。何の連絡もないので心配しながら待っていると、一時過ぎに慌てた様子で帰ってきた。

「どうだった?」

「すぐ入院だって。CT撮ったら肺がんだって言われた。早く入院の支度をしないと」

「えっ、なに言ってるの?」

ぽかんとしている私を尻目に、夫は二階の自室に駆け上がり、下着をあたふたと旅行鞄《かばん》に詰めこんだ。

「とにかく、いっしょに病院行くわ」

「そうか、悪いな」

悪いも何もない。早く病院に行って、肺がんって本当ですか?何かの間違いじゃないんですか?と、聞かなくては。

家の前でタクシーを待っていると、近所の人が通りかかった。

「いいなあ、二人で旅行ですか。温泉？」

旅行鞄を見て言うので、

「いえ、ちょっと……」

言葉を濁してタクシーに乗った。

総合病院の受付で手続きを済ませ、病室に入ると女医さんがやってきた。マスクをしているから顔は分からないが、若そうな感じだった。私は挨拶もそこそこに、

「肺がんって言ってますが」

切り出すとあっさりうなずき、メモ用紙に「悪性腫瘍」と書いた。それからCTの画像を見せて、

「これががんで、約七センチあります。これのせいで肺に炎症を起こして、白血球が増えているんですね。まずこの炎症を治してからがんの治療をします」

話している間、夫はベッドに横になって目を閉じている。朝、出かけるときは普通だったのに、急に病人になってしまったみたいだ。

「主人は毎年、区の定期健診で肺のレントゲンを撮っていて、異常無しだったんです。それがいきなり七センチなんて……」

この病院で検査を受けたわけではないが、つい、恨みがましく言うと、

「心臓の裏側の部分にあったので写ってなかったんですね。CTならはっきり分かるんですが」

医師は気の毒そうに説明した。だんだんと病気が現実味を帯びてくる。

「うちの病院では炎症までは治せますが、肺がんの治療は、大学病院か癌研《がん》じゃないと無理なんです。どこか心当たりの病院はありますか？」

そう聞かれて、店の常連の医師の顔が浮かんだ。うちは新宿が近いからT医大の先生が多い。特にF先生は、医大生のころから来てくれていてもう三十年以上になる。それを話すと、

「T医大の呼吸器外科はいい先生がそろっているし、評価が高いんです。それに病院に通うのは近いほうがいいですよ。遠いと体力を消耗しますからね」

と細かいことまで言ってくれた。顔は分からないが、やさしい人のようだ。

「はい、知り合いの先生に相談してみます」

「そうしてください。じゃあ、またのちほど」

医師は忙しそうに病室を出ていった。しばらくぼんやり座っていると、夫がぱちっと目を開けた。

「おまえ、大丈夫か」

「私は大丈夫よ」

病人に心配されても困るので、無理に笑うと、夫は淡々とした声で話し出した。

「これで死んだら、おれは運がいい。両親は見送ったし、店は豊が継いでくれる。今死んでも、誰も困らない。おれ、親がだんだんぼけていくのを見てただろ。だから、ああなりたくないって、ずっと思ってたんだ」

虚勢を張っているわけではなく本心らしい。夫の両親は、ともに九十代半ばまで生き、数年前に亡くなった。

「お父さんはいいかもしれないけど、私はどうなるの？」

「おまえは大丈夫だ。店もあるし本を書く仕事もある。おれがいなくても、ちゃんとやっていけるさ」

そう言われても、私は夫が思うほど強い人間じゃない。二人だからがんばれたのに、一人になるなんて考えるのも恐ろしかった。

しかし、すぐに気を取り直した。肺がんだって、今はいい薬がたくさん出ている。よくなる可能性は高いはずだ。それに誤診ということもある。もっと大きい病院でしっかり調べてもらおう。

「私、うちに帰って、F先生に相談してみるわ。そういえばお父さん、今日は休みなのにパチンコに行けなかったね」

気持ちとうらはらに明るく言ったら、

「ああ、パチンコに行かないなんて、何年ぶりだろう。ここから五分くらいのところに、よく出るホールがあるんだよなあ……」

夫はくやしそうにつぶやいた。

ぴかぴかの包丁

病院を出ると、空はどんより曇って空気が湿っぽかった。目の前の景色が灰色に見え、地面に足がついてないみたいにふわふわする。ここで私が交通事故にでもあったら大変だ。用心しながら家に帰り、F医師にメールを送ると、すぐに返信が来た。

「T医大の呼吸器外科に親しい先生がいるので連絡してみます。お店にも行ったことのある先生です。でも四月に頸椎の手術をしてますよね。そのときレントゲンを撮っているはずなのに、おかしいですね」

確かに、頸椎の手術のときに細かい検査をしている。さっそく、頸椎を手術した外科病院の担当医に問い合わせてみた。この先生もうちの店の常連さんだ。

「メールを拝見、びっくりしました。ご主人のレントゲン写真をほかの先生とも見たのですが病変は見当たらないのです。『ないですねえ』『ないよねえ』と話した次第です。がんだとしても今は新薬が出ていますから、きっとよくなりますよ」

夜になってから励ましのメールが来たので、希望が湧いてきた。

それから仕事のことを考えた。どちらにしても、当分、息子と二人で店をやらなくてはいけない。四月に頸椎の手術をしたとき、夫は二週間、仕事を休んだ。その間、息子と二人で営業したのだから、今回もできるだろう。

それに、うちの店は九月の後半から暇になる。サービス業は二月と八月がよくないというが、うちは九月がいちばん静かだ。六月中旬から七月終りまではシンコ（コハダの稚魚）が出て、それを待っていたお客さんが、あちこちから見えるので、「シンコ祭り」と冗談交じりに言うくらい忙しい。

シンコが成長してコハダになると、その反動のように暇になる。ちょうど今がその時期だ。しかし、暮れの忙しいときは大丈夫か？　あれこれ考えながら部屋に入ると、タンスの引き出しが半開きで、床に靴下が散らばっている。慌てて出たときのままだ。今朝まで平穏に暮らしていたのに、たった半日でこんなことになるなんて……。私は唇をかみしめながら、靴下を引き出しにしまった。

翌日、息子と娘が病院に駆けつけてきた。息子はいつもと変わらぬ顔で、

「オトン、元気そうじゃん」

と言った。夫は感情がすぐ顔に出るタイプだが、息子は喜怒哀楽を見せず、いつも淡々としている。

「ああ、また仕事休むけど頼むな」

「オトンは運が強いからすぐ元気になるよ。頸椎のときもそうだったし」

息子が明るい声で言い、娘も、

「頸椎のときより元気そうに見えるけど」

それを聞いて、四月の頸椎手術のときの病室を思い出した。

手術の後、チューブが一杯ついた体で、

「痛い、痛い……」

と、うめいている。

「お父さん」

呼びかけても返事はない。

「麻酔がきいているから痛みはないんですよ」

医師は言ったが、心配でたまらず、

「手術は成功したそうだけど、ちゃんと元に戻るのかしら」

「大丈夫かなあ……」

私と娘は、真っ暗な気持ちで病院を出た。その翌日、病院に行った息子が、戻ってくるなり、

「病室に行ったらさあ、オトンがベッドに腰かけて、週刊誌読んでて、『豊、いいところに来た。日曜日は桜花賞なんだ。競馬新聞買ってきてくれよ』って言ってた。めちゃ元気だから安心したよ」

笑いながら報告した。

「昨日は今にも死にそうだったのに、競馬新聞？　どこまでギャンブルが好きなのかしら」

私は、ホッとしたのとあきれたのと、半々くらいで言った。それが五ヵ月前だ。ようやく頸椎がよくなって一息ついたら、今度は肺がんとは、なんて多難な年なんだろう。神社でお祓《はら》いしてもらったほうがいいかもと、真剣に考えた。

入院してから食事がまずいとぼやく夫に、私はせっせとご飯を運んだ。当時の日記にこんなことが書いてある。

『お父さんはお握りを三個食べた。梅、ねぎ、おかかのミックス。沢庵《たくあん》と玉子焼きも少し食べた。ほんとは私もお握りを一つ食べようと思っていたけど、うまいうまいと言って全部たいらげたので、私は病人食を食べた。

お米がおいしいから、新米かもしれない。里芋と麩《ふ》の煮つけ。里芋は冷凍ものらしく、がりがりしている。きゅうりの漬物ふたきれ、大根と野菜のすまし汁は薄味でけっこういける。お父さんが言うほどまずくない』

持っていったお握りの梅は、南高梅《なんこううめ》を裏ごしして、みりんと砂糖少々と、醬油で味を調えた、「ハモの落とし」に使う梅ダレだ。そこに、鰹節と長ねぎの刻んだのを混ぜてある。お握りに使う塩は、新潟県村上《むらかみ》の「白いダイヤ」という大粒のもので、うま味があってまろやかだ。

夫はパリパリの海苔より、海苔がしっとりご飯になじんだお握りのほうが好きなので、塩をきかせてしっかり握った。包みを開けると、海苔のいい香りが病室一杯に広がる。個室だから気兼ねなく食べられたが、ほかの人がいたら迷惑だっただろう。

毎日病院に通い、店の仕事もするので疲れがたまってきたが、店を休むわけにはいかない。自営業は一日休めばその日の収入はゼロだ。それだけでなく、お客さんを迎えると、気持ちが切り替わるからありがたかった。

そんなときに大型台風がきた。外出は控えるようにテレビでしきりに言うし、デパートも休みだ。何件か入っていた予約もキャンセルになり、残ったのは大脇さん四人の予約だけになった。大脇さんは半年に一度くらい家族で来てくれるが、住まいは練馬区だからちょっと距離がある。

無理かなと思ったが、キャンセルの連絡がないので待っていたら、予約時間どおりにタクシーで来てくれた。

「台風なのにすみませんね。ほかの予約はキャンセルになったんですよ」

と言うと、

「娘たちが、這《は》ってでも名登利寿司に行くって言うんでね」

ご主人が苦笑しながら言った。這ってでも行くとは、なんて嬉しい言葉だろう。ありがとうございますと、頭を下げると、

「台風くらいで、お寿司をあきらめるわけにはいきません」

「そうよね」

大学生の娘さんたちは、台風を吹き飛ばすみたいに元気に言った。大脇さん一家はお酒を飲まないのですぐに寿司になった。テーブル席に向かい合って座り、

「中トロ四貫、アジ二貫……」

と好きなものを註文する。ウニの握りは、こぼれそうなくらいにウニが乗せてあった。その日は塩水のウニで、殻から出したばかりのものを、海水と同じ濃度の塩水につけてある。ミョウバンをほとんど使ってないから、柔らかくて自然な甘みがあって

人気が高い。

「わあ、やっぱり来てよかった！」

「おいしいっ」

と歓声が上がったので、つけ場に立っている息子は嬉しそうだった。トロ巻きは私が巻き、トロをたっぷり入れたので、

「シャリよりトロのほうが多いっ」

「すごいね」

娘さんたちが目を丸くしていたので、

「台風大サービスです」

と言うと楽しそうな笑い声が広がり、店の中がぱあっと明るくなった。

帰りがけに大脇さんが、

「今日は大将がいないんですね」

けげんそうに言った。

「今、ちょっと検査入院してるんですよ」

「そうなんですか。大将によろしく」

戸を開けると、風がやんで雨は小降りになっている。ホッとしてお見送りした。

緊急入院してから二週間後、肺の炎症が収まったのでひとまず退院した。そのあと大学病院で再検査すると、やはり肺がんで、大きさは八センチ！　心臓に浸潤しているから手術はできないと言う。

「こんなになるまで症状が出ないものですか。いつごろできたのでしょうか？」

と聞いたが、

「さあ？」

医師は首をかしげるだけで、はっきりした答えはなかった。ただ、あのまま気づかずにいたら、余命は三ヵ月で、お正月を迎えるのも難しかったらしい。治療は、腫瘍を放射線で半分にしてから、分子標的薬のキイトルーダという新薬を使う。がんを半分にするためには放射線科に六十回、通わなくてはならないという。

夫は腫瘍が八センチになっていると聞いても、落ち込んだ様子は見せなかった。それどころか、放射線治療の通院カードを見て、

「一回行くたびにハンコ押してもらえるんだって。ラジオ体操みたいだなあ」

と笑っている。

「六十回って大変よね。十二月の中旬までかかるわ。その間、絶対に風邪をひかない

ようになんて……」

秋から冬への時季に病院通いして、風邪をひかないでいられるだろうか。二ヵ月なんて長すぎる。私が、重い溜息をつくと、

「心配するな。大丈夫だよ」

逆に励まされたから、どちらが病人か分からない。実際、夫は体重が三キロ落ちただけで、顔色も悪くなかったし食欲もあった。お酒も少しなら飲んでいいと言われたので、通院以外は、ほぼ普通の生活に戻ることができた。仕事も一日二時間くらいならOKとのことで、久しぶりにつけ場に立った。

「おれの包丁は？」

「はい、どうぞ」

私は戸棚から包丁を取り出した。緊急入院した日、病院から帰るとすぐに、夫の包丁を新聞紙に包んで戸棚にしまった。包丁を保管するには、新聞紙に包むのがいちばんいい。インクの油が包丁の刃を錆《さ》びから守ってくれると、夫から聞いていたからだ。

出刃、柳刃《やなぎば》、刺身包丁の三本は、

「大将、早く使ってくださいよお」

とでも言うように、ぴかぴか光っている。夫はいつも使っている刺身包丁を手に取り、

「よかった、ぜんぜん錆びてない。ありがとうな……」

ちょっと、声を詰まらせて言った。

やばいっ、おいしい、こんなの初めて！

復帰の初日に見えたのは北山さんだった。北山さんはＩＴ関係の会社に勤めていたが、三年前に独立して会社を興した。それからずっと見えなかったので、どうしたのかと心配していたら、数日前に電話がきた。新会社が安定するまでは、大好きな寿司を断っていたのだが、収益が上がるようになったから電話したという。

北山さんは夫の前の席に座ると、

「あれ、大将、痩せました？」

驚いた顔で尋ねた。夫は病気のことを言いたそうだったが、三年ぶりに来てくれた人に、重たい話はしないほうがいい。

「ええ、ちょっとダイエットしたんですよ」

私はさりげなく言った。

連れの女性はミナミちゃんといい、北山さんの会社のキャンペーンガールで、二十歳くらいのかわいい女性だった。ミナミちゃんは、ヒップが半分見えそうなショートパンツで、すらりと伸びた脚はストッキング無しの生脚だから、立ち上がるたびに男性客の視線が集中するが、本人はへっちゃらだ。ヒップを振りながら歩いている。

ミナミちゃんはお寿司が大好きだと言い、大トロや星ガレイ、ウニ、イカ、カワハギの肝のせなどをすごい勢いで食べ、

「やばいっ」「おいしい」「こんなの初めて！」

ボキャブラリーが少ないらしく、この三つしか言わない。北山さんは楽しそうにうなずいているので、病気のことは話さないでよかったと思った。

二人が帰ってから、

「やっぱり、店に立つのはいいなあ。あの子、二十貫も食べたぞ」

夫が言うのを聞いてびっくりした。

寿司の一人前は八貫だから二人前以上だ。その前に、月見イワシや玉子焼き、刺身も食べている。あのスリムな体のどこに入るのか不思議だったが、復帰した初日に、かわいい女性がたくさん食べてくれたのは、華やかでいい。夫もそう思ったらしく、その日の晩酌は話がはずんだ。

私は二人の晩酌タイムが、ずっと続きますようにと心から願った。夫も同じ思いだ

ったに違いない。

心配した放射線治療は痛くもかゆくもないという。看護師さんともなじみになり、

「私、佐川《さがわ》さんのお寿司を食べたいです」

と言われ、

「治ったら、みんなにごちそうするよ」

「わあ、楽しみっ」

などと景気のいい約束をして、通院カードのハンコ欄もだいぶ埋まってきた。

私は夫が病院に行っている間、仕込みを手伝うことにした。といっても、イカをさばいたり、コハダやキスや貝を洗うだけだが、十年近く仕込みから離れていたので、やり方を忘れかけている。

イカはゲソを引っ張って内臓を取り出して身を開き、皮をむいてきれいに洗ってざるに並べる。赤貝や蛤《はまぐり》は殻をタワシでよく洗う。アワビは口を切り、全体に塩をすり込み、殻付きのまま、コンクリートの床で殻を叩《たた》いて水分を抜く。ところが、口の部分がどこにあるか分からない。あたふたしている私に、

「ここを切って、口を取り出すんだ」

息子がアワビの尖った部分を指して教えてくれた。叩くときは、切った口を上にして叩くと、塩が回って早く身が締まるという。夫から習ったのとは、逆の叩き方で、仕込みの方法は習った師匠によって違うのだと思った。

アワビの肝は、砂袋を切って砂を出し、大事に取っておく。これは夫のやり方と同じだ。

「新小岩で修業していたときは、なんで同じことを毎日繰り返すのかなと思ってたけど、今になるとありがたかったなって思うよ」

息子がしみじみと言ったので、

「ほんとにそうね」

とうなずいた。

二十年くらい前までは、東中野駅の周辺に寿司屋が七、八軒あったが、不景気だったり、後継者がいなかったりで閉店してしまった。うちも息子がいなかったら、病気が分かった時点で辞めていただろう。息子が一人前の職人になって戻ってきてくれたのは、天の救《たす》けのような気がした。

仕込みが一段落すると朝食の支度だ。夫が放射線治療から帰ってくるのが朝の十一時ころで、うちの朝食の時間だから、今まで以上に食事に力を入れた。

あるときは仕入れのついでに、築地で牛肉を買ってきてもらい、朝からすき焼きにした。味噌汁はビタミンAたっぷりのニラの玉子とじ。茄子《なす》ときゅうりの糠漬《ぬかづ》けに、炊きたてのご飯。霜降りの柔らかな牛肉を玉子につけて食べると、香りのいい脂がじわっと広がる。

「この肉うまいなあ」

夫が言うと、

「このごろ、築地の肉屋さんと顔なじみになったから、こっちの肉のほうがいいですよなんて、教えてくれるんだ」

息子は嬉しそうに言った。魚河岸は魚だけではなく、肉も野菜も、そのうえ焼売《シュウマイ》も餃子《ギョーザ》も野菜の煮物も売っている。場外にある鰻屋「はいばら」で、焼きたてのかば焼きを買ってきてもらい、うな重にすることもあった。

色が悪くなって使えない大トロは、甘めの味噌漬けにしてこんがり焼く。それに味噌汁と大根おろし、納豆があれば栄養満点、贅沢な朝ご飯だ。

朝食が済むと、夫はコーヒーを飲んでから二階で休む。私と息子は魚河岸のトラックが来るのを待ち、仕入れた魚の仕込みや、玉子、ワサビ、野菜などを冷蔵庫にしまう。

全部片付くと部屋に上がり、洗濯、掃除などの家事をして、それからパソコンをひらき、メールチェックをする。常連さんの中には、メールで予約してくる人もいるし、予約の電話もこの時間が多い。のんびり休んでいるわけにはいかなかった。

四時半ころからは昼食の支度だ。息子は、

「朝ご飯をしっかり食べたから、腹減ってないよ」

と言うし、私も開店前の準備があるから食べていられない。夫は薬を飲む前に、何かおなかに入れなくてはいけないので、夫の好きな軽食をこしらえた。

あんかけ焼きそばは、焼いた麵の上にエビ、イカ、ホタテ、小柱などの魚介類と、肉と野菜をいれたあんをたっぷりかける。あんの味つけは味《あじ》の素《もと》の「中華あじ」と、塩と醬油、隠し味に砂糖少々。これで、こくのあるおいしいあんができる。

「おれは、カリカリの麵が好きなんだよな」と言うので、両面をしっかり焼き、中はしっとりと仕上げた。

そのほかにも、野菜たっぷりのラーメン、鍋焼きうどん、ピザ、ふわふわのサンドイッチ、スパゲティなどを日替わりで作り、フルーツも用意する。目が回るような忙しさだったが、夫が戻ってきてくれたので苦にならない。夫が元気になるためなら、何でもしようと思っていた。

最後のテレビ出演

放射線治療に通い始めてひと月ほどたったころ、テレビ出演の依頼が来た。日本テレビの夕方の番組「news every.」で、「総理メシ」という特集があった。歴代総理が愛した味と、それにまつわるいい話ということで、橋本龍太郎《はしもとりゅうたろう》元総理が好きだったものを紹介したいという。

元総理は在任中から亡くなるまでの十年間、うちの店の常連さんで、今でもご家族が来てくださっている。元総理は、カウンターのいちばん奥の席に座って、燗酒《かんざけ》を三本飲むのが定番だった。たいてい夫人といっしょだったが、たまに一人で見えることもあった。町の小さな寿司屋に元総理がいたら、たいていの人はぎょっとする。それが楽しかったらしく、

「どうも、橋本龍太郎です」

などと言って、いたずらっぽく笑っていた。ときどき、

柄の方だった。

「あちらのお嬢さんに、僕から生ビールを」

などということもあり、テレビで見るきびしい顔とは違って、気さくでやさしい人柄の方だった。

東中野の寿司屋になぜ総理が？　と聞かれるが、『寿司屋のかみさん　うちあけ話』と『寿司屋のかみさん　おいしい話』に、総理から愛読者カードをいただいたのがきっかけだった。カードの職業欄に「内閣総理大臣」と書いてあったので、いたずらかと思ったが、お買い上げ書店に確認して、いたずらではないのが分かり、永田町《ながたちょう》の官邸にお礼の手紙を送った。すると、在任中に夫人や秘書官と来店してくださったのだ。

元総理が好きだったのが、トロ漬け炙《あぶ》りのつまみだ。これは「ハシモトサン」と名付けて今でも人気がある。大トロをざくっと切って、煮切り醤油に三十分漬けてから、金串に刺して火で炙る。それを一口大に切って、すりおろしたわさびを乗せて食べると、香りのいい脂がわさびの辛みと混ざり、「肉と魚の中間のようなおいしさ」と評した人がいる。

これを、元総理の愛読者カードといっしょにテレビで紹介したいという。それまで何度かテレビに出させてもらったが、撮影に時間がかかるので最近はお断りしていた。

でも、今回は依頼の電話をくれた人の感じがよかったのと、夫が元気につけ場に立つ姿を、映像に残しておきたいという気持ちもどこかにあった。

撮影スタッフには夫が通院中なのでと話し、ほとんどの寿司は息子が作り、インタビューのときだけ夫が出た。元気そうに見えても体力は落ちているから、無理はできない。少し撮ると二階に上がって休み、

「大将、お願いします」

声がかかると下りてくる。撮影の間、夫は笑顔を絶やさず、張りのある声でよくしゃべり、病人には見えなかった。テレビは太って映るというから、少し痩せたくらいがちょうどよかったのかもしれない。でも、出番が終わると、ぐったりベッドに横になっていた。

放映されると、すぐにスタッフから電話が来た。

「大将が画面に出たとたん、視聴率がパーンと跳ね上がりました。やっぱり、大将は何か持ってますね」

と言ってくれたので、すぐに夫に報告すると、

「お世辞だろ」

言いながら、にやっと笑った。この番組はＤＶＤに残してあるが、亡くなってからは見る気になれずにしまったままだ。

放射線治療は十二月半ばに終わり、悪性腫瘍の大きさは半分になった。

「免疫の薬の投与は一月中旬からにしましょう。それまで風邪をひかないようにしてください」

担当医は、ホッとした様子で言った。

あわただしい十二月の後半に、こんなことがあった。常連の佐々木さんが友人を連れてきた。体格のいい男性だったので、お酒が強そうだなと思ったら、

「コーラをください」と言う。

「すみません、ソフトドリンクはウーロン茶くらいしか置いてないんですよ」

私が言うと、近くの席にいた男性客が、

「寿司屋に来て、コーラなんて飲むもんじゃない」

聞こえよがしにつぶやいた。この人は私の本の読者だそうで、一人で来店して、月見イワシなどをつまみに冷酒を三本飲み、だんだん目がすわってきていた。酒癖がよくないようで、尖った目つきであたりを見回していたから、そろそろお茶を運ぼうかと思っていたところだった。

コーラを頼んだ人は、

「なにっ?」

と気色ばんだ顔になり、佐々木さんも目を怒らせている。ここで喧嘩《けんか》になったら困ると思ったら、夫が、

「佐々木さん、いつもの席が空いたから、そこじゃなくて奥にどうぞ」

男性客から離れた席を指した。二人が奥の席に落ち着いたら、

「はい、こちらはお勘定だよっ」

男性客に厳しい顔を向け、有無を言わせずに帰らせた。佐々木さんの友人は、ウーロン茶を飲みながら、

「ふだんは酒を飲むんですが、昨日、忘年会で飲みすぎたのでやめとこうと思ったんです。あんな言い方されて、ちょっと切れかかりました」

と苦笑いした。

「嫌な思いさせてすみませんでした。酒なんて、飲みたいときに飲めばいいんですよ。でもね、飲みすぎて他人に絡むのは駄目だ」

夫が言うと、佐々木さんが、

「さすがは大将、かっこよかったですよ」

生ビールを口に運びながら言い、店の中はいつもの明るい空気に戻った。やっぱり夫は頼りになる。いてくれてよかったと思った師走だった。

大将が壊れた?

年が明けた平成三十年の正月休み、夫は帳簿の整理や生命保険の受け取りの見直しなどの作業に没頭していた。几帳面《きちょうめん》な性格だから、預金通帳や印鑑、生命保険の証書などもきちんとしまってあったが、それをまとめて、

「全部分かるようにしてあるから、何があっても大丈夫だ」

店の名義は息子に変え、自分は徐々に仕事から離れるという。

「そんなに急いでやらなくてもいいんじゃない?」

不安になって言ったが、

「ここに全部入れてある。銀行の印鑑はこれだからな」

夫は引き出しを指さした。

病気が分かる前、いつごろまで仕事を続けるか話し合って、二〇二〇年の東京オリンピックまでは、がんばろうということになっていた。二〇二〇年には夫は七十四

歳、私は七十歳。もう引退してもいい年齢だ。

前回の東京オリンピックのとき、夫は高校三年生だった。国立競技場の近くの高校に通っていたから、開会式のリハーサルに駆り出され、ドイツのプラカードを持って競技場を行進したという。人生で二回目の東京オリンピックを見てから引退して、まだ行ったことがないヨーロッパに行こうと約束していた。

「引退するのが予定より早いけどしょうがない。これから、おまえの負担が増えるのが心配だけどな」

すまなそうな顔をしている夫に、

「そんなことは気にしないで。お父さんが元気になってくれればいいんだから」

私は寂しさをこらえながら言った。

一月半ばに事業主変更手続きが終わり、息子が名登利寿司の店主になった。さっそく息子に、

「大将、すみません、これお願いします」

お酒の仕入れの伝票を渡したら、

「ちょっと、やめてよ」

その照れくさそうな顔を見て、私は吹き出した。夫も笑ったけれど、いつもの明るさがなくて、付き合いで笑っているように見えた。

そのころから夫は無表情になり、大好きなカツサンドを食べても何も言わなくなった。気になったが、病院で経過はいいと言われたばかりだ。店主を引退して、張り合いがなくなったのかもしれないねと、息子と話した。

しかし、それからも異変が続いた。話しかけても、

「ああ」「うん」

しか言わないで、ぼーっと宙を見ている。かと思うと、急に食器棚の片付けをしたり、壁のタイルの修理を始めるので、

「お父さん、どうしたの？」

と聞いても答えない。もしかして認知症？　検査したほうがいいかもしれないと思っていた矢先、決定的なことが起きた。その日は日曜日でカウンターは混んでいた。夫の前にいたのは医師のF先生とその友人、隣に、初めて見えた高田さんという若夫婦。いちばん奥の席に、常連の堀内さんと加藤さんがいた。二人は証券マンで、二十年来のお客さんだ。

そんな、賑《にぎ》やかな日曜日なのに、夫は浮かない顔で寿司を握っている。

「オトン、大丈夫かなあ。なんか話してることがおかしいんだ」

息子が厨房に来て小声で言った。

「やっぱり、明日、病院に行ってみようか」

「そのほうがいいよ。今日は早めに上がってもらおう」

話していると、カウンターから高田さんの声が聞こえた。

「大将、富津《ふっつ》ってどこですか？」

いつもなら「千葉県です。房総《ぼうそう》半島の内側ですよ」と間髪入れずに答え、漁場の説明などを始めるのに沈黙している。

「千葉県ですよ」

息子が助け舟を出すと、

「そうだ、千葉だ」

ホッとしたように言った。

地図を見るのが大好きで、全国の漁場をほぼ把握しているのに、千葉が出てこないなんてやっぱり変だ。心配になって様子を見ていると、

「お勘定してください」

高田さんが言った。お勘定は寿司とつまみの合計を書いた伝票が私のほうに来て、

そこに飲み物と消費税を足して金額を出す。昔はゲタピンとかダリメなどと符丁でやり取りしていたが、息子に、

「今どき、符丁使ってお勘定する店なんておかしいよ。僕は、修業中使ったことないし、聞いてもぜんぜん分からない」

と、あきれ顔で言われた。なるほど、今どきの寿司屋はそうなんだと思い、それからは金額を書いてもらうことにしたのだが、なかなか伝票がこない。

「すみません、伝票お願いします」

もう一度言うと、

「リャンコだっ」

夫の声がした。私は何年ぶりかで符丁を聞きびっくりしたが、二万円というのは分かったので、高田さんの会計を済ませた。それから、

「お父さん、もう大丈夫だから、上がってください」

と言うと、夫はそそくさと二階に行った。常連さんたちは、心配そうに顔を見合わせている。

F先生は帰り際に、私にささやいた。

「もしかしたら、脳に転移しているかもしれないので、検査したほうがいいですよ」

脳に転移？　まさかそんな……足元が崩れそうになり、ふらつきながら厨房に戻ると、加藤さんと堀内さんがそばに来た。

「おかみさん、大将、大丈夫？」

「なんか悲しい……」

二人とも病気のことを知っているので、涙目になっている。

「心配かけてすみません。明日、病院に行ってみますから」

やっとの思いで言うと、加藤さんが、

「大雪らしいから気を付けて」

と、心配そうに言ってくれた。

翌日は予報どおりの大雪だった。予約しておいたタクシーで病院に行き、CT検査をすると、さらに詳しい検査をと言われた。病院内のMRIは混んでいるので、すぐにはできない。近くにある提携クリニックに行くように言われ、大雪の中を歩いていった。歩いていると、夫はなぜか道の左側に寄っていく。このままだと車道に出てしまうから、しっかり支えながら往復した。

MRI検査が済んで病院に戻ると、即入院と言われ、開店時間までに帰れそうもない。息子に電話すると、予約は近所に住んでいる人だから来るという。誰も来なければ臨時休業にするつもりだったが、そうはいかなくなった。

夫はベッドに横になってうつらうつらしている。スマホで交通状況を見ると、JRが止まっているが、地下鉄は何とか動いている。入院していればひとまず安心なので、いったん帰ろうと地下鉄の駅まで行くと、改札口の外まで人があふれていた。別の駅にも行ったがここも同じだ。

地下通路をどのくらい歩いただろう。朝から何も食べず、お茶を飲んだだけだ。昼間は雪の中を行ったり来たりして、今はすきっ腹で地下通路をうろついている。私がここで倒れたら、T医大に運んでくれるかなと、やけっぱちで思った。

しかし、この状態では電車に乗れそうもない。帰宅時間のピークが過ぎるまで、病室にいよう。ずっと電車が動かなかったら、病室に泊まらせてもらえばいいと思い、息子にしばらく戻れないと連絡した。それから病院内のコンビニに行き、一本だけ残っていた納豆巻きを買って病室に戻った。

「あれ、どうしたの?」

夫が、きょとんとした顔で聞いた。

「地下鉄に乗れないから帰ってきた」

私は、窓際の椅子に座り納豆巻きを取り出した。コンビニの海苔巻きを食べるのは初めてだ。よく見たらキムチ入りと書いてある。食べてみると、シャリはパラリとしていてほどよい固さで、酢の加減もちょうどいい。納豆にキムチのぴりっとした味がよく合っている。海苔は、うちの寿司海苔のような香ばしさはないが、パリパリでおいしかった。

私が食べている間、夫は焦点のぼやけたような目でこっちを見ている。いつもなら、

「寿司屋がそんなもの、食ってんじゃねえよ」

と憎まれ口をきくのに何も言わない。寂しくて溜息が出た。そのまま八時まで病室にいたが、医師に会えないので検査の結果は分からない。でも、緊急入院なのだから、よくないのだろう。ネットを見ると、もう地下鉄は普通に動いているようだ。

「明日、また来るからね」

と言うと、夫は小さくうなずいた。

病床からの「毎度ッス」

ようやく東中野駅にたどり着くと、九時を過ぎていた。あたり一面真っ白で、見知らぬ土地に来たみたいだ。人もいないし、車も走ってない。線路沿いの道を歩いていると、向こうから若い男女がやってきた。雪をぶつけあって、楽しそうに笑っている。若い人はいいなあと思いながら、雪道を一人、とぼとぼ歩いた。

ようやく店に着くと、看板の灯りは消えていて、息子がネタケースの掃除をしていた。お客さんは、三十分くらい前に帰ったという。

「ちらし寿司作っておいたから、終わったら食べよう。何も食べてないでしょ」

息子が言ったので、

「ありがとう……」

と、椅子に腰を下ろした。疲れ果てて、話をする気にもなれない。雪の中を歩いたから靴がびしょぬれだが、履き替えるのもおっくうだった。

しばらくして片付けが終わり、熱いお茶を入れて、ちらし寿司を食べた。コハダ、アナゴ、星ガレイ、タコなどがのっていて、横に添えたおぼろと、甘辛いシイタケの味が体にやさしく染み込む。息子が炊いたシャリは、ちょうどいい水加減だった。

「いいシャリだね」

「そうか、よかった。二人しか来ないから二合にしようかと思ったけど、夜ご飯にちらしをと思って三合炊いたよ」

「二合だと少なすぎて、水加減が難しいからね」

こんなときでもシャリの状態が気になるのは、シャリ炊き四十数年の習性かもしれない。

「オトン、どうなの？」

「なんだかぼんやりしてる。明日、先生に会って検査結果を聞いてくるから」

いつの間にか雪はやみ、外はしんと静まり返っていた。

翌日、医師に会うと、やはり脳転移だという。そのせいで脳が腫れ、意識が混濁しているので、とりあえず腫れを取る薬を投与する。そのあと脳に転移した悪性腫瘍に放射線を照射して焼き切るから、しばらく入院ということになった。

腫れを取る薬を飲み始めて三日ほどすると、

「よおっ」

夫が笑顔で手を振った。

「お父さん、復活してよかった！」

ベッドに駆け寄ると、

「おれ、自分でもおかしいと思ってたんだ。言葉が出てこないし、体が思うように動かなくてさ。でも、どうしようもなかった」

ようやく、会話が成立した。

「お客さんが心配してたわよ。特に堀ちゃんと加藤さん、泣きそうな顔してた」

「うん。退院したら、ちゃんと挨拶するよ」

「そうね。昼ご飯に、漬け丼持ってきたけど食べる？」

「食べるっ」

元気な返事が返ってきた。

持ってきた漬け丼は、煮切り醤油に五分ほど漬けたマグロの赤身を、温かいご飯に乗せたシンプルなものだ。冷めないように保温容器に入れてきたから、ご飯はまだ温かい。

別に持参した切り海苔と万能ねぎを散らすと、マグロの赤、ねぎの緑、海苔の黒が映えたおいしそうな漬け丼になった。白飯の漬け丼は、酢飯で作るよりさらりとしていて、マグロのうま味がよく分かるし、ご飯に染みた煮切り醤油の味が食欲を増す。

夫がおいしそうに食べるのを見て思い出した。

「ねえ、神戸《こうべ》の魚市場で、漬け丼食べたの覚えてる？」

「ああ、そんなことがあったな」

私たちは旅行に行くと、その土地の魚市場に立ち寄ることにしている。夫は市場に足をふみ入れたとたん仕事モードになり、早足で歩き始めるから、ついていくのが大変だった。店先で珍しい魚を見ると、

「これはどこで獲《と》れたんですか？　刺身で食べるの？」

などと話しかけ、

「私は、東京の寿司屋なんですよ」

と言って、魚の話で盛り上がる。市場の人と話している夫は生き生きしていて、どんな名所旧跡にいるより楽しそうだった。魚市場は、どこに行っても築地と同じ匂いがした。

神戸に行ったときも市場の中を見て回り、お土産を買って、食堂で朝ご飯を食べ

た。私は刺身定食、夫は漬け丼を註文したのだが、夫は一口食べると、箸を置いてしまった。

「あら、どうしたの？」

「このタレ、甘いんだよ」

味見してみると確かに甘い。すき焼きの割り下のような味だ。夫はもういらないと言ったが、残したら店の人に悪い。そこで刺身定食を夫にゆずって、私が漬け丼を食べることにした。甘じょっぱい味つけのマグロは初めてだったが、わさびとガリで中和して全部食べ終えた。

「あの、甘い漬け丼にはびっくりしたわ。やっぱり関東とは違うんだと思った」

「でも、刺身定食はうまかったぞ。明石《あかし》のタコと鯛《たい》が入ってたな」

はっきりと言うのを聞き、

(よかった！　ちゃんと記憶が戻っている)

私は胸をなでおろした。

その日の病院の昼ご飯も、私が代わりに食べた。ぬるいスパゲティミートソースにサラダ、ヨーグルトで、うまくもまずくもなかったが、久しぶりに夫と話しながら食べたので、幸せな気持ちになった。

それから一週間後、脳の放射線照射を受けに、地下の放射線フロアに行くと、

「あ、佐川さん、重大なお知らせがありますから、先生のところにお願いします」

看護師さんに言われ、背筋が寒くなった。ほかに悪いところが出たのだろうか？それとも腫瘍が大きすぎて放射線では無理とか……。ああ、なんで次から次へと問題が起きるのだろう。泣き出しそうな気持ちで診察室に入ると、白髪の医師がおもむろに言った。

「佐川さん、申し訳ないですが、機械が故障しましてね、今日は照射ができないんですよ」

「えっ、故障ですか？」

「今メーカーから技師が来てるんですが、今日中には直らないというので、明日のこの時間に予約を入れておきますから」

それを聞いてずっこけた。

「重大なお知らせと言われたので、ドキッとしたんですけど、このことなんですか？」

思わず言うと、

「ああ、それは言い方が悪かったですねえ」

医師がすまなそうに頭を下げた。

フロアを出て、エレベータに乗り、

「最初に機械が故障したんですって言えば、心配しないのになあ」

「ほんとに、ぞっとしたわ」

話しているうちに、緊張の糸が切れて吹き出した。つられて夫も笑っている。パジャマ姿の入院患者が、エレベータの中でけらけら笑っているので、乗り合わせた人は気味悪そうに横を向いていた。

脳の放射線照射が終わり、春になってようやく免疫治療が始まったが、いい結果が出ない。そのあとの六ヵ月は入退院の繰り返しだった。二週間入院しては家に戻り、しばらくすると、また具合が悪くなって入院する。そのたびに、夫の体力が落ちていく。入退院を繰り返すという言葉をよく聞くが、こういうことなのだなと思った。

それでも本人は、愚痴も泣きごとも一切言わず、入院するときにナースステーションの前にくると、

「また来ちゃったよ。おれは来たくなかったんだけどさあ」

と、ほがらかに挨拶する。

「明日、お寿司屋さんが来るって、みんなで言ってたんですよ」

看護師さんに言われて、

「へへっ。そりゃどうも」

照れくさそうに、頭をかいていた。

最後の退院のときは、

「どうもお世話になりました。もう戻ってこないと思うけど、皆さんお元気で」

車椅子に乗った夫が淡々と言うと、看護師さんたちは目を潤ませて見送ってくれた。エレベータに乗ると、

「よく通ったなあ」

夫がぽつりと言った。

「ほんとにねえ……」

この一年間は、希望と落胆の繰り返しだった。あとは、残された日々を、できる限り安楽に過ごしてもらおう。それしか頭になかった。

うちに帰ると、

「やっぱりうちはいいなあ」

嬉しそうに言い、ベッドに横になった。穏やかな顔の夫を見て、退院してよかったと思った。

帰った日のお昼は、食べたがっていたかき揚げ丼を作った。北海道《ほっかいどう》産の大粒の小柱を、かき揚げにしようと冷凍しておいたのだ。炊きたてのご飯に甘辛いタレをかけたかき揚げを乗せ、夫の好きなナメコ椀《わん》を添えたら、病人とは思えない食欲で完食した。

しかし、そのあとはだんだん食欲がなくなり、重湯《おもゆ》かジュースしか、のどを通らなくなった。その間も、定休日以外は休まず営業したので、私は看病と店の仕事に追われた。仕事が一段落すると、二階の部屋に駆け上がり夫につきそう。

夫はベッドの中で、店の気配に耳を澄ませていて、

「佐藤さんの声がするけど、来てるのか？」

「ええ、お父さんのことを心配して、わざわざ、宇都宮《うつのみや》から来てくれたわよ」

「そうか。会えないけどよろしくな」

寂しそうに目をしばたいて言った。

常連さんたちは帰り際に、

「大将、早く元気になってねっ」

「おやすみなさーい」

階段の下から大声で言う。それが聞こえると、枕から顔を上げて、

「毎度ッス……」

かすれた声で答えていた。夫は頭のてっぺんから足の先まで、寿司屋の大将だった。

常連さんは、いまでも大将の思い出話に花を咲かせる。せんだっても、昆布締めを食べていた堀内さんが、

「イカの昆布締めはお酒に合うなあ。作り方は先代と同じですか？」

と聞いたので、

「ほとんど同じです。イカを水洗いして水気を取ってから、酒で拭いた昆布でイカを包みます。それをラップで包んで、十二時間くらい冷蔵庫に入れておくと食べごろです」

息子は羅臼の分厚い昆布を見せて言った。それから、思い出したように、こんな話をした。

「親父が昆布締め作るときはおもしろかったですよ。昆布を湿らせるのに酒を使うでしょ。酒なんてほんの少しでいいのに、お椀になみなみと酒を入れてくるんですよ。で、昆布を湿らせると、残った酒をきゅうって飲んじゃうんです。仕事中に飲むと、お袋に怒られるから大急ぎで」

それを聞いて、

「ええっ、お父さんそんなことしてたの？」

私がびっくりして言うと、堀内さんが、

「おかみさん、実はね、大将、仕事中に飲んでましたよ」

「うん、よく飲んでたよね」

連れの加藤さんもうなずいている。でも、夫は還暦を過ぎたころから、お客さんにすすめられても、

「仕事中は飲まないことにしてるんで」

と言っていたはずだ。私がきょとんとしていると、

「おかみさんが厨房で洗い物をしているときに、大将が、堀ちゃんって言って、グラスを出すんですよ。注いで上げると、ニコッと笑ってほんとにうまそうに飲むんです」

堀内さんが言った。

「どうりで、お銚子がすぐ空になるから、堀内さんたち、よく飲むなあって思ってたけど、お父さんがいっしょにいただいてたの？」

「大将は、おかみさんが来るとあわててグラスを隠して、何か握りますか？　なんて

急に真面目な顔になってたよね」

二人は懐かしそうに言った。

「そうだったの。私は肝臓に悪いからって止めてたけど、こんなに早く逝っちゃうなら、好きなだけ飲ませてあげればよかった……」

溜め息交じりに言うと、

「いや、大将はおかみさんに隠れて飲むのが、楽しかったんじゃないですか」

「そうだと思いますよ。ねっ、大将」

明るく言って、夫がつけ場に立っているみたいに、グラスを掲げた。

大将は言いたい放題

若いころ、年配のお客さんに、

「この店はどこといって特徴のない普通の寿司屋だけど、大将の太陽みたいな性格で繁盛してるんだな」

と言われたことがある。その人が帰ってから、

「ふんっ、何言ってんだ」

夫は憤慨していたが、私は、その人の言うとおりかもと思った。当時は店を開いて間もなかったから、そんなにいい魚を仕入れられなかった。白身は鯛とハマチくらい。イカは冷凍の紋甲《もんごう》イカかスルメイカ。タコは、通称アフリカタコという茹でてあるタコだ。これにツメ（アナゴなどにつける甘いタレ）をつけて食べるとおいしかったが、高級には程遠い。

築地の仲買は、日本橋《にほんばし》から移ってきた店と浦安《うらやす》から来た新規の店があり、日本橋の

人たちは老舗だからプライドが高い。まだ三十代前半だった夫は、仕入れに行っても相手にしてもらえず、天然物の見事な鯛を見ていたら、

「お宅じゃあ、こんな魚を使うのは十年早いよ」

と、鼻であしらわれたこともあったという。負けず嫌いな夫は、くそっ、今に見てろと思い、浦安から来た仲買の店に行くことにした。そこの人は親切で、魚のことをいろいろ教えてくれたので、常磐《じょうばん》沖の星ガレイ、天然のシマアジ、ホウボウ、ヒラスズキ、アオリイカなどの高級魚を仕入れるようになり、

「あそこは高いけど、いい魚がそろっている」

と評価してもらえる寿司屋になった。何年かして、以前の老舗の仲買に、

「名登利さん、素通りしないで、たまにはうちでも買ってくださいよ」

と言われ、胸がすーっとしたと喜んでいた。

魚の品ぞろえはグレードアップしても、太陽みたいに明るい性格はそのままで、いつも気さくにお客さんと話すから、北海道や九州、海外からも寿司を食べにくるお客さんがいた。

なじみになったドイツ人のお客さんに、豆絞りの手ぬぐいをプレゼントして、テニス用のバンダナにしますと、喜んでもらったこともある。

常連さんから、

「大将がいるだけで、周りがぱあっと明るくなりますね。まるでお日さまみたいだ」

と言われて照れていた。

しかし、サービストークが行き過ぎることもあり、私はそのたびにハラハラした。

頭に浮かんだことを、そのまま口に出してしまうのだ。

個人情報などという言葉は、夫の頭になかったみたいで、

「ねえ、どこの会社に勤めているの？」

若い女性のお客さんに、大声で聞き、「言いたくありません」と返されたこともあった。

チェイサーを頼んだ人に、

「最近は水を飲む人が多いねえ。昔は、酒飲んでるときに水なんか飲んだら、先輩に怒られたもんだよ」と平気で言うので、

「今は水を飲んだほうが体にいいから、皆さんそうしてるのよ」

慌ててフォローしたが、お客さんは間が悪そうな顔になる。

「あんなこと言ったら駄目よ。お客さんに悪いじゃない」

私が注意しても、

「本当だからしょうがないだろ。水なんか飲んだら、薄まっちゃって酒がもったいな

いよ」とすましている。

これは夫が悪いわけではないが、参ったなと思った出来事がある。まだ、夫と二人で店をやっていたときのことだ。常連の音楽家の先生が、弟子だという若い女性を連れてきた。いつもは難しい顔の先生が、

「このアジ、おいしいからもっと食べなさい。トロ漬け炙りも……」

にこにこしながら勧めていて、お弟子さんも嬉しそうに食べていた。帰ってから、

「かわいいお弟子さんだったわね」

「そうだな。先生、珍しくごきげんだったなあ」

と二人で話した。

それから一週間くらいして、先生が奥さんと来店した。二人がカウンターに座ると、夫が開口一番、

「この間のお弟子さんは、かわいい方でしたね」

そのとたん奥さんの顔色が変わった。先生は何も言わず、口をもごもごさせている。なんだか変だなと思ったが、夫は平気な顔で、

「才能のある方なんでしょうねえ」

さらに言ったが先生は黙っている。どうも妙な雰囲気なので、

「お飲み物はどうしましょう？」

できるだけ明るく聞くと、

「……ビールください」

先生が蚊の鳴くような声で言った。奥さんは不機嫌な顔のままで、あまり寿司も食べず、二人は一時間足らずで帰ってしまった。

「おかしいな、どうしたんだろう？」

夫が首をかしげているから、

「お弟子さんと来たこと、奥さんに知られたら、まずかったのかもしれないわね」

「えーっ、なんでだ？」

話していたら電話が鳴った。受話器をとると先生からで、

「大将が余計なことを言うから、女房に泣かれちゃったよ。この前来たことは内緒だよって、大将に目配せしたのにっ」

えらい剣幕で怒っている。この電話に夫が出たら喧嘩になるかもしれない。

「どうも申し訳ありません。今度から気をつけますので」

平身低頭で謝ると、がちゃっと電話が切れた。

「どうしたんだ？」

「先生が、お弟子さんと来たのは内緒だよって、大将に目配せしたのに、しゃべったってかんかんに怒ってたけど……」

「ああ、そういえば、おれのほう見て、おかしな目つきしてたなあ。あれは内緒だよって合図だったのか」

「でも、目配せじゃ分からないわよね。予約のときにそう言ってくれればいいのよ」

あきれて言うと、

「めんどくせえなあ。奥さんに知られてまずいなら、うちなんかに連れてくるんじゃねえよ」

夫はまな板を力《ちから》まかせに叩いた。

「もう来なくなるかもしれないわね」

「ああ、新宿の寿司屋にでも行けばいいんだっ」

「ほんとよ」

ところがしばらくしたら、先生夫妻が来店。お弟子さんとのことなど何も言わず、機嫌よく食べてくれて、

「おいしかったです」

と、チップまで置いていった。

「あんなに怒ってたのに不思議ねえ」

「芸術家の気持ちは、さっぱり分からねえなあ」

二人で首をかしげてた。そんなことがあってから私は慎重になり、お客さんが、

「この前はどうも。連れが喜んでました」

などと口火を切ってきたら、

「こちらこそ、ありがとうございました。素敵な方でしたね」

と言うようにした。でも、夫は一向に懲りない。

「あれっ、この前来た人と違うよね。彼女、どうしたの？」

平気で言い、男性が慌てたりする。中には予約の電話のときに、

「あのう、前の彼女とはお別れしたんで、違う女性と行きますので、よろしくお願いします」

と、申告してから来店する男性もいた。そうしてくれるとこちらも助かるので、夫に伝達すると、

「分かった、分かった。大丈夫だよ」

と、うなずいたのに、

「トロ漬け、前にも食べたよね」

などと、新しい女性に言ってしまったりするから、油断できなかった。

初めて見えたカップルが、わさび巻きを註文したときのことだ。ひと切れ食べた男性が、

「このわさび、すりおろしてないですね。この間行った六本木《ろっぽんぎ》の寿司屋は、すりおろしてたけど」

言ったとたん、

「いいかい、すりおろしたわさび巻きなんてえのは、田舎ものが食うもんだ。わさび巻きっていうのは、刻んだわさびで作るのが本物なのっ」

夫は御殿場《ごてんば》産のわさびを手に持ち、マシンガントークを炸裂《さくれつ》させた。このわさびは最高級品で、

「まったく、高くなったなあ。一本二千円もするんだぞ」

といつもぼやきながら、わさびを磨いている。磨くというのは、茎を切ったり、表面の汚れをタワシで洗ったりすることだ。きれいになったわさびを、サメ皮のわさびおろしで、丸く円を描くようにおろしていくと、緑色の香り高いおろしわさびができる。

もっと辛いほうがいいというお客さんには、わさびの先に少し砂糖をつけておろすと、酵素の働きで目が飛び出るような辛いわさびができる。一年に一回くらい、こういう

超辛いのが好きというお客さんがくるが、全員男性だ。女性は辛いのが苦手のようだ。

わさび巻きは、本わさびを針のように細く切って使う。巻くときはシャリを海苔に広げ、その上にもう一枚十センチ幅の海苔を敷き、そこにわさびを乗せて巻くから手間がかかる。六つ切りにすると切り口がくっきりして、わさびの緑が映えるきれいな巻きものができる。

すりおろしたのだったら、指の先くらいの長さをおろせば済むが、こちらは本わさびを三分の一使った巻きものだから、コストも手間も倍以上かかる。とはいってもお客さんに、強く言いすぎじゃないのと心配になった。

でも男性は、もうひと切れ食べて、

「うん、確かにこのほうがおいしい。それに辛くない」

と言ったので、

「そうだろう」

夫は、えへんっと反り返った。ぽんぽん言われて気を悪くするかと思ったが、このカップルは今も来てくれて、

「最初に来たとき、先代の大将に叱られましたよね」

と、懐かしそうにわさび巻きを食べる。

3

お嬢さん、寿司は好きですか？

初めての見合い

夫と初めて会ったのは、昭和五十年の二月、今から四十五年前になる。当時、弟が勤めていた銀行関係のＯＬをしていた私に、弟が見合い話を持ってきた。当時、弟が勤めていた会社の上司が、寿司屋のお嫁さん探しを頼まれていて、

「君に年ごろの姉さんがいるよね。お見合いする気はないかなあ」

と聞かれたという。私は、結婚するなら料亭とか木場《きば》の若旦那のような、粋な商売の人がいいと思っていた。周りの女性はサラリーマンや公務員と結婚する人がほとんどで、変わり種はお寺に嫁いだ人と、大工さんと結婚した人くらいだったので、

「あなたは若旦那探しに深川《ふかがわ》とか神田《かんだ》に、日曜ごとに行かなくちゃ、相手は見つからないわよ」

友人にからかわれていたから、この見合い話は絶好のチャンスだった。それに寿司屋の嫁になったら、大好きな寿司が毎日食べられると、勝手に思い込んだのである。

話はすぐに進み、堅苦しい見合いの席より、本人が仕事をしているところを見たほうがいいのではという先方の意向で、直接、店を訪ねることになった。つきそいは新小岩のおかみさんだ。

おかみさんは当時、三十代半ばくらいで、和服の似合う美しい人だった。ミンクのストールをかけ、薬指には、ダイヤをちりばめた大粒のヒスイの指輪が光っていたので、

（お金持ちそう。お寿司屋さんって儲《もう》かるのかしら？）

ちらっと思った。

ＪＲ東中野の駅から七分くらい歩き、紺の暖簾《のれん》のかかった寿司屋の前にきた。木造二階建ての、こぢんまりした店で、ショーウィンドウに寿司のサンプルが並んでいる。格子戸を開けると、

「いらっしゃいっ」

という威勢のいい声が響いた。つけ場の中に板前さんが二人いて、入り口側に立っている人が、写真で見た見合い相手のようだ。スポーツ刈りの頭に、豆絞りの鉢巻きをきりっと締めた、色白の板前さんと目が合ったとき、

（私はこの人と結婚するだろう）

何の疑問も持たずに思った。

おかみさんにうながされて、カウンターに座ると、

「お嬢さん、寿司は好きですか？」

板前さんが、聞いてきた。

「はい、大好きですっ」

「寿司はうまいっスよねえ」

ニコッと笑った板前さんの右ほおに、えくぼができたのが印象的だった。

「せっかくいらしたんだから、うちの寿司を食べてってくださいよ」

と言われ、寿司をごちそうになった。中トロ、赤貝、イクラ、タコなどを食べた記憶がある。

「タコ好きですか？」

なぜか聞かれ、はいとうなずくと、

「女の人はタコ、イカ好きっスよねえ」

江戸っ子らしい、早口の巻き舌で言った。あれこれ話しているうちに、おかみさんがトイレに立ち、戻ってくると、

「カズちゃん、トイレのペーパー、入れ替えといたほうがいいわ。もう、残り少ない

から」

小声で言ったので、おかみさんは、よその店のトイレットペーパーにも気を配るんだ。すごいなあと思った。

見合いから三ヵ月後、私は寿司屋の女房になった。夫は二十九歳、私は二十五歳だった。

結婚してから、夫は、

「女房は見合いのときに寿司を三人前食べたから、食べっぷりが気に入って結婚したんです」

お客さんによく言っていたが、実際は一人前くらいだ。夫は何度か見合いをしたそうだが、私は初めてだったので、緊張して食べたものの味もよく分からなかった。

見合いから結婚までは順調に進んだが、嫁いでからは戸惑うことばかりだった。私はサラリーマン家庭で育ったので、商家のことはぜんぜん分からない。ＯＬ時代は勤務時間がきちんと決まっていたし、休み時間もあったが、ここでは昼から夜中まで店を開けている。開店は十二時、閉店は夜中の一時で休憩時間は無しだ。

食事をしていても、お客さんが来ると食べかけの茶碗を持って、厨房に移動しなくてはならない。お客さんの中には午後の暇なときに来て、テレビの競馬中継や相撲を見ながら、お酒を飲む人がけっこういたのだ。

夫も若い衆も、ずっとこういう生活をしてきたから平気らしかったが、私は道端でご飯を食べているような気がして、なんとも落ち着かなかった。それに、閉店時間になっても、お客さんがいる限り店を開けている。

今でも忘れられないのは、夕方の六時に来て、明け方まで腰を上げずに飲み続けた人だ。近所に住む常連のお客さんだったので、夫もいっしょに飲み、そのまま寝ずに築地に行ったから、「名登利さん、酒臭いなあっ」と、あちこちで言われたそうだ。四十五年店をやってきたが、この滞在最長記録は破られていない。しかも中年女性の一人客で、ビールの大びんを一ダース以上飲んだからすごい。

こういうことも、サービス業だから仕方ないのかと思っていたが、飲食店でも休憩時間を取っている店はあるし、閉店時間はちゃんと決まっている。このままでは体を壊しそうなので、嫁いで数年後には休み時間を取るようにして、閉店時間になったら暖簾をしまい、そろそろお帰りの時間ですよとアピールすることにした。

嫁いでびっくりしたことは、ほかにもあった。近所の不動産会社の若手社員が二人で来て、食べて飲んで、お金を払わずに帰っていく。

「あのひとたち、お勘定は？」

不思議に思って聞くと、

「ツケだ」

「ツケって、どこに書いてあるの？」

「これだよ」

夫はノートを見せた。そこには未回収の代金が書いてあり、二人のツケの合計は十万円近い。私が勤めていたときのボーナスと、同じくらいの金額だ。

「これは、いつ払ってくれるの？」

「ボーナス出たら払うだろ、近くの会社だから大丈夫だよ」

なんでもなさそうに言ったが、日付を見ると半年以上前から未払いだ。この間にボーナスは出ているはずだ。

「ちゃんと催促しなくちゃ駄目でしょ」

あきれて言うと、

「うるせえなっ、常連さんだからいいんだよ」

すごい怒鳴り声が返ってきた。夫は、気に入らないと大声で怒鳴って、威嚇する癖があった。しかし、このまま放っておいたら、ツケはかさむばかりだ。

「あなたが催促しづらいなら、私がしようか？」

怒らせないように、できるだけ穏やかに尋ねると、

「そうかっ、じゃあ頼むよ」

意外にあっさり答えた。どうやら、親しいお客さんだから、言いだせなかったらしい。

私は元銀行員のせいか、お金のことはきちんとしたい性分だ。百円だって人から借りるのは嫌だし、貸しても気になる。そこで、十万円稼ぐのに、海苔巻きをどのくらい巻かなくてはならないか計算してみた。当時、かんぴょう巻きが一本百円だったから、ざっと千本。千本と言えば三百人前以上だ。

そのころ、近所の旧家のお葬式で、かんぴょう巻きの折詰を三百人前頼まれて、店を休んで作ったことがあった。シャリは朝からずっと炊き通しで十一本（一本は二升）炊いた。それに合わせ酢をかけ、しゃもじで混ぜ合わせて、大きな団扇《うちわ》であおいで冷ます。出来上がったシャリで海苔巻きを巻き、切って折箱に詰め、包装紙で包んでバイクで配達し、ようやく十万円いただけるのだ。

それに、私は長男を妊娠中で、出産費用に十万円くらいかかる。何としてでも、ツケを回収しなくてはと思った。

一週間ほどして、また二人が来店し、いつものように、

「じゃ、ごちそうさま」

と帰ろうとしたとき、

「すみません、これお願いします。月末に集金に伺いますので」

用意しておいた請求書を差し出した。

「えっ」

二人は、びっくりした顔でつけ台のほうを見たが、今まで立っていた夫と若い衆の姿がない。けげんそうに帰っていった。ぱたんっと戸が閉まったら、つけ台のまな板の下から、夫が這《は》い出《で》てきた。

「どうしたの、そんなところにもぐって？」

「催促してるのを見るのが嫌だから、隠れた」

気づくと、若い衆のブンちゃんも冷蔵庫のかげに身をひそめている。師弟で似たようなことをするものだと、思わず噴き出したら、

「何がおかしいんだっ」

また、怒り出した。

夫は気が短くて喧嘩《けんか》っ早《ぱや》い。店の看板をけとばした酔っぱらいと乱闘になったり、床に唾を吐いた客に、

「ここは道路じゃないんだ。とっとと帰れっ」

と怒鳴って帰したりする。

昔、こんなことがあった。近所のマンションに有名人が住んでいて、よく出前を取ってくれたのだが、あるとき、寿司桶にタバコの吸い殻を山ほど入れて返してきた。それを見た夫が激怒し、有名人が、また出前の電話をしてきたときに、

「お宅にはもう出前しません。大事な寿司桶に吸い殻を入れるような人に、うちの寿司を食べてもらいたくないですっ」

きっぱり言うと、

「なんだとっ、おれを誰だと思ってるんだ。おまえんとこみたいなちっぽけな店、つぶしてやるからな」

そばで聞いている私の耳に、受話器から先方のどなり声が入ってくる。でも夫は怖がりもせず、

「おおっ、上等じゃねえか。やるならやってみろ。うちはちっぽけな寿司屋だけどな、男が体張って商売してるんだっ。文句があるなら店に来てくれ。きちっと話そうじゃないか」

痩せた肩をそびやかして言った。

「よし、今行くから待ってろっ」

と言われ、相手が乗り込んでくるのを待った。夫は蒼白《そうはく》な顔で入り口をにらみ、私は何かあれば戦うつもりで、すりこ木を握りしめていたが、とうとう来ず、

「あいつ、おじけづいたな」

夫は勝ち誇ったように言った。そんなに威勢のいい人なのに、事務的なやり取りをする段になると、腰くだけになってしまうことが多かった。

逆に私は、勤めていたころシビアな場面を何度も見てきたから、ツケの催促なんてへっちゃらだ。どうしても払わないようなら、不動産会社の上司に話せばいい。必ず回収するという私の気持ちを感じ取ったのか、月末に集金に行くと、

「マスターが何も言わないから、つい、いい気になってすみませんでした」

と言って、全額払ってくれた。当時は不動産関係が景気のいい時代だったから、お金がなかったわけではなく、友達感覚でずるずる来てしまったのだろう。

店に戻って、

「よかった、これで出産費用ができたわ」

集金したお金をカウンターに並べると、

「おまえ、たくましいなあ」

夫は感心した顔で言った。

それから、二人はその場で払ってくれるようになり、

「ここの嫁さん、厳しいからな」

会計のたびに言っていたが、

（いつもにこにこ現金払い！）

私は胸の中でつぶやき、ありがたくいただいた。

寿司屋の質素な食生活

本を出してから、読者が店に見えると、

「大将とおかみさんが食べている朝ご飯とか晩酌のおつまみって、本当においしそうですね」

よく言われるが、そういうものを作るようになったのは、結婚して、ずいぶん経《た》ってからだ。

新婚当時は若い衆と夫の両親がいた。両親は、戦後間もなくからこの場所で靴屋を営んでいて、その店を寿司屋に改装したから、しばらくの間、「靴屋の寿司屋さん」と呼ばれていたという。両親は、靴屋を辞めてから寿司屋の裏方を手伝っていた。父親は洗い場、母親はシャリ炊きと食事作り。若い衆のブンちゃんは、海苔巻きを巻いたり、出前をしていた。

嫁ぐまでずっと実家暮らしだった私は、寿司屋の質素な食生活を見て本当にびっくりした。寿司屋の嫁さんになったら、毎日、寿司を食べられると思ったのは、大きな間違いで、寿司は売るもので食べるものではなかった。シャリが残ったときに、ゲソにツメを塗ったゲソ丼を食べるのがせいぜいだ。夫は修業中にゲソ丼を食べて、吐いたり下したり、えらい目にあったそうで、これだけは絶対に食べなかった。よほど古いゲソだったのだろう。

ときどき稲荷寿司《いなりずし》も作ったが、稲荷揚げの口が閉まらないくらいにシャリを詰めるから、二個食べればおなかが一杯になった。こうすれば稲荷揚げの節約になるというう。おいしく食べるのではなく、残ったシャリを無駄なく使うのが、そのころの課題らしかった。

献立を決めるのは姑《しゅうとめ》だったので、私は姑に教わりながら食事を作った。シャリが残らないときの朝ご飯はメザシに納豆か、ウインナ炒めに目玉焼きがつけばごちそうで、ハムのしっぽの切り落としというのもあった。

今は見かけないが、昔は肉屋さんでハムを量り売りしていた。機械でロースハムやプレスハムをスライスすると、端っこの部分が残る。それを安く売っていたので炒めておかずにしたり、チャーハンに入れたりした。

朝食の味噌汁の具は、カブや大根の葉っぱ、長ねぎの青い部分などで、豆腐を買うことなどめったにない。味噌汁は煮干しでだしを取り、味噌を少なめにして、塩で味をつけるからすきとおっている。どうして塩を入れるんですか？　と聞いたら、

「塩を入れれば、味噌が少なくて済むでしょ」

と教えてくれた。そのころの私は、味噌と塩の値段の違いを知らなかったので、

「はあ……」

と曖昧にうなずいたが、味噌を節約した味噌汁は、あまりおいしくなかった。

昼ご飯は、安売りのコロッケとか、カレー、焼きそば、お好み焼きなどだ。お好み焼きは長ねぎの青いところを刻み、ゲソとかタコの頭、天かすを入れて焼き、それをおかずにご飯を食べる。ダブル炭水化物だから、あっという間に太ってしまった。カレーは大鍋一杯に作るが、カレールーはひと箱しか使わず、味が足りないときは塩を足し、小麦粉でとろみをつける。ジャガイモとニンジンがゴロゴロ入り、肉はほんの少しなので、こくもうま味もなく粉っぽい。小学校の給食のカレーのほうがまだおいしかった気がしたが、若い衆のブンちゃんは、嬉しそうにお代わりしていた。

ブンちゃんは、よその店で二年ほど働いてからうちに来たので、質素な食事に慣れていて、食べ物の好き嫌いは一切言わなかった。好物は鰹のあらの煮つけや、マグロの血合いを炒めて醬油で味つけしたもので、これがあると丼に山盛り二杯、ご飯を食

べていた。東北の寒村から集団就職で寿司屋に入ったブンちゃんにとって、白いご飯はごちそうだったという。まだそういう時代だった。

夜食は、毎晩、インスタントラーメンなので、

「ラーメンばかりでいいの？」

栄養面が心配になって聞いたら、

「おれも修業中は毎晩ラーメンだったぞ。味噌と塩と醬油を日替わりにすれば、飽きないよ」

と言う。若い衆の栄養面など、まったく気にしてなかったらしい。

私はというと、釜の底にできた狐色のおこげに、鰹節と醬油を混ぜてお握りにして、ガリや沢庵をつまみながら食べていた。お握りに巻く海苔は、切れ端を集めて使う。大きい海苔など使ったら、もったいないと叱られてしまうからだ。

夫は夕方から常連さんとお酒を飲み始めるから、夜食は食べない。私が厨房の隅で、お握りを食べているのを見て、

「おまえ、釜底好きだなあ。安上がりでいいけどさあ」

あきれたように言った。

「ほんとは、お寿司のほうが好きだけど……」と言いたかったけれど、嫁いだばかり

で、何もできない身だから言えるわけがない。

「釜底おいしいからね」

とだけ言っておいた。

それにしても、あまりに質素な食生活なので、

「ねえ、あなたの家って寿司屋になる前から、こういう食事だったの？」

さりげなく聞いてみた。

「靴屋をやっていたときは、とんかつとかすき焼きも食べてたよ。だけど、修業中の若い衆にそういう贅沢はさせられない。うちなんかカレーに肉が入ってるけど、よその店では、カレーにタコの頭のぶつ切りを入れて、残った冷たいシャリにかけて食べるって聞いたぞ。いいものを食べたかったら、一人前になって、自分の金で食べればいい。それが修業っていうもんだ」

これは修業中のブンちゃんの立場に合わせた食事で、自分たちだけ別のものを食べるわけにはいかないからだという。なるほどそうなんだと思ったが、ラーメンばかりでは若い衆の体が心配なので、スパゲティや野菜たっぷりの焼きうどんも作るようにしたら、

「正直、毎晩ラーメンは、きつかったです」

こっそり言ったので、よかったと思った。今どきの若い衆だったら、
「自分、コンビニで何か買うから、ラーメンは大丈夫っス」
と言うだろう。
昭和五十年代、うちの店では、いろんなものをリサイクルしていた。当時使ってい
た紋甲イカの腹に、白い小判型の甲（貝殻）が入っている。石灰質で固く先が尖って
いて、うっかり指を刺すと傷口が腫れてしまう、けっこう怖い代物だ。
この甲をよく洗って日に干して乾かし、二十枚くらいたまったら、近所のペットシ
ョップに持っていく。イカの甲には、カルシウムやヨードなどが含まれているから、
細かく砕いて小鳥のエサとして売るそうで、盆暮れに、お礼のお菓子が届いた。
アワビの殻を洗って取っておくと、月に一度、業者が買いに来る。
「貝殻なんて、何にするのかしら？」
夫に聞いたら、
「螺鈿《らでん》細工に使うんだって」
と教えてくれた。アワビの殻は、外側はごつごつしているが、内側は虹のようにき
らきら光っている。これを切り抜いて、家具や文箱《ふばこ》に貼って漆をかけるのが螺鈿細工
だ。豪華な螺鈿細工の文箱を博物館で見たことがあるが、実際にアワビの殻を買いに

来る業者がいるとは思わなかった。

今回ネットで調べたら、アワビの殻は一個二百円で販売されていた。四十年前だったら、一個二十円くらいだったかもしれない。バブルのころになると業者は来なくなり、アワビの殻は廃棄するようになった。たまにほしいというお客さんがいると、喜んで差し上げている。

雑巾をゆすいだ水は、そのまま流さずに道路に撒《ま》けば無駄にならない。古くなったおしぼりは、雑巾にして、ぼろぼろになるまで使う。古新聞は、八百屋さんの店先みたいに半分に切ってつるしておけば、野菜を包んだり汚れたところを拭くのに役に立つ。これは便利なので、今でもやっているが、息子が戻ってきたとき、柱にかかっている古新聞を見て「これ、何に使うの？」と、きょとんとしていた。

自分たちが飲むお茶は、お客さんに出した後の出がらしだ。

忘れられないのは、箸袋の火付けスティックだ。どんなものかというと、お客さんが割りばしを使った後に箸袋が残る。これを取っておき、細く巻いて線香花火のような細長いコヨリを作っておく。

厨房にある三台のガスコンロは、自動点火ではなくマッチで火をつける。一台のガスコンロに火がついていて、もう一台も使いたいとき、火をこのコヨリに移し、もう一台に点火するのだ。聖火リレーのようなもので、マッチを擦らずに済むから手間もコストも節約になる。当時はまだ、着火ライターがなかったので、このコヨリは厨房にいつも置いてあった。

暇なときに店で作っていたら、常連さんが来て、

「あれっ、内職してるの？」

と聞かれ、

「いえ、指先の訓練です」

慌てて言ったことがある。

「チャッカマン」が出てきてからは作らなくなったが、ぼやっとしているなら手を動かせというのが、若いころの夫の口癖だった。私は今でも、よその店で箸袋を見ると、汚さないようにテーブルの隅に置くし、くるくる巻いて、コヨリを作りたくなる。若いころに仕込まれたことは、体に染みついているようだ。

こんな風に細かいことはうるさく言う夫なのに、十万円もあったツケの催促はできないのだから、どこか抜けているが、そういうところが愛嬌《あいきょう》だったのかもしれない。

嫁いで十年過ぎたころ、若い衆が辞め、両親も引退し、夫と二人で仕事をするよう

になった。そのころから私は、いろんな料理にチャレンジし始めた。お客さんの中には、和食の板前さんや有名ホテルのシェフがいたから、天ぷらの揚げ方のこつを聞いたり、シェフにおいしいビーフシチューの作り方を教わったりした。それが晩酌のつまみ作りの始まりだ。

とはいっても、私がいちばん好きなのはやはり寿司だ。お客さんがはけてから、

「お寿司が食べたいな」

夫に言うと、

「しょうがねえなあ」

と、苦笑いしながら寿司を握ってくれた。

塩とスダチを乗せた新イカは、甘みがあって、スダチの香りが口に広がる。新イカのゲソの寿司は柔らかく、わさびとツメで食べると、もう秋だなと思う。いきがいいアジは、ねぎと生姜の薬味でさっぱりと食べる。

笹《ささ》の葉に乗せて炙ったアナゴはふんわりして、かすかに笹の葉の香りがする。ツメの甘い味がそれに絡まり、なんともいえない味わいだ。

「うまいか？」

「おいしいっ」

「それはよかった」

満足そうに言い、最後にマグロのカマの大トロを、ぽんっと出してくれた。白い脂が細かく散ったピンク色の大トロは、わさびの辛みと香りが混ざって、ねっとりと口の中で溶け、思わず溜息が出るおいしさだ。

こういう贅沢な夜食を食べさせてくれたのは、若いころの超質素だった食生活の埋め合わせだったような気がする。

煮切り醤油のヒミツ

うちの店で煮切り醤油を作るようになったのは、開店して十五年くらいたってからだ。ある晩、寿司の本を読んでいた夫が、

「そうだ、煮切り醤油を作ろうっ」

大声で言った。

「煮切り醤油ってなに？」

「醤油と酒と鰹節を入れて、煮切った醤油のことだ。昔の寿司屋は、これにマグロの赤身を漬けて出してたんだ」

その日は、お客さんが来なくて、出前もなく暇だったから、さっそくこしらえてみた。鍋に醤油と酒を七対三の割合で入れ、沸騰してアルコール分が飛んだら、鰹節をひとつかみ入れて火を止める。冷めたら鰹節を濾《こ》して百五十ccくらい作り、マグロの赤身を漬けてみた。数分たってから寿司にして食べてみると、かつおだしの香りがわ

さびの辛みとよく合って、いつものマグロと違ううまさがある。

「おいしいっ」

「そうか。じゃあ、この煮切り醬油を保存しておけばいいな」

夫が満足そうにうなずいた。それからは徐々に煮切りの量を増やし、マグロを漬け込んで、

「これが、昔ながらの漬けです」

と出すと、

「これはうまいねえ。握りでもつまみでもいい」

常連さんは言ってくれたが、出前の寿司には入れられなかった。煮切り醬油に漬けると色が黒ずむので、古いマグロを使っているんじゃないか、などというクレームが来るからだ。

煮切り醬油はマグロを漬けるだけでなく、アジの寿司に塗って、スダチを一滴搾《しぼ》ってお出ししたり、ウニやカワハギの肝のせのように、醬油をつけにくい寿司に刷毛《はけ》で塗ったりする。

ちなみに、アナゴのツメや煮切り醬油を入れる四角いステンレスの容器は「タレ入れ」という。横に刷毛を差せる切り込みがあり、ふたがついている。いかにもプロの

道具という感じなので、最初にこれを見たとき、

（ああ、私は寿司屋になったんだ……）

と思った。

煮切り醬油は、普通の醬油と違って傷みやすいから、週に一度、火入れする。それは私の仕事なので、毎回、緊張しながら煮切りを鍋にあける。ひっくり返したらえらいことだ。さらに夫が、

「こぼすなよ。これはうちの家宝みたいなものだからな」

真顔でプレッシャーをかけるから、

「だったら、自分でやればいいのに」

と言ったら、

「これは裏方の仕事だから、おれはやらない」

ぷいっと、そっぽを向く。どうやら、自分がこぼす危険は、冒したくないらしかった。

そこで、万が一こぼしても、困らない方法はないかと考えた。思いついたのが煮切り醬油のへそくりだ。火入れをした後、少しずつ別の容器に取って冷凍保存しておけばいい。さっそく二ヵ月くらいの間、火入れするたびに取り分けて、中くらいのパッ

クが満タンになったときに、ストップした。へそくりだから夫にはヒミツだ。

それから、何年かたった月曜日のことだ。冷蔵庫の中に茶色い水たまりができていた。店の冷蔵庫は、中の魚を取り出して水洗いできるようになっている。その日は、午前中に夫が冷蔵庫の掃除をしたので、どうしたのかとよく見たら、煮切り醬油の容器がひっくり返ってからっぽになっていた。

「お父さん、大変っ。煮切りがこぼれてるっ」

さけぶと、夫が駆け寄ってきた。

「うわあ、掃除のときに、冷蔵庫の仕切り板が外れたんだな。全滅だ」

「じゃあ、作り直し？」

「そうだな……」

自分のミスだから文句も言えずに、茫然《ぼうぜん》としている。

ついにへそくりの出番が来た！　私は、冷凍庫の奥から密閉容器を取り出した。マイナス四十五度の冷凍庫に長年入っていたので、周りに霜がついて真っ白だ。

「はい、これ」

「なんだ？」

「煮切り醬油よ。冷凍しておいたから、溶《と》かせばすぐに使える」

「どうしてこんなものがあるんだ？」

「火入れのときにこぼしたら、お父さんにどんなに怒られるかと思って、少しずつ貯《た》めておいたの」

凍った煮切り醬油は五百ccくらいあり、鍋に入れて火にかけると、徐々に溶け始めた。全部溶けたら、醬油と酒を注《つ》ぎ足《た》して沸騰させ、鰹節をひとつかみ入れて火を止める。味を確かめた夫は、

「よし、これなら大丈夫だ」

ホッとした顔になった。

「お父さんがこぼしたんじゃ、叱る人はいないけど、私がやったら大変だったわよね」

ちょっと嫌味を言わせてもらうと、

「まあな……」

きまり悪そうにうなずいた。

今使っている煮切り醬油はそのときのものだから、厳密に言うと二代目だ。もう冷凍保存をしたものはないので、万が一、こぼしても大丈夫なように、入れ物の下に大きい受け皿を置くことにした。毎週、火入れをすると、お菓子のような甘い香りが厨

房に漂う。これをかぐと、からっぽの入れ物を手にしょんぼりしていた夫の姿を思い出す。

大将の寿司講座

知人に頼まれて、夫と寿司教室の講師をしたことがある。新宿のこぎんまりした料理教室で、生徒は主婦らしい女性ばかり十二名。

その日は江戸前寿司を握ってみるというテーマで、夫が寿司の握り方を教えることになっていた。生徒たちには講座の内容を書いたレジメが渡してある。

「おいしそうねえ」

「ほんと、楽しみ」

という声が聞こえた。午後の一時から四時まで、一日だけの講座なので、シャリやネタ、海苔、玉子焼きは店から持っていった。メニューはマグロが二貫、スズキ、イカ、イクラ、エビ、玉子焼き。シャリとなじみがよくて、握りやすいネタを夫が選んだ。

簡単な挨拶が終わり、夫がマグロを何枚か切り、

「これはインドマグロで、赤身ですが全体によく脂がのってます」

と言って、切ったマグロを見せた。きれいな赤身でいかにもおいしそうだ。

「じゃあ、皆さん、この包丁を使って切ってみてください」

夫が自分の刺身包丁をまな板に置いた。いちばん前にいた女性が、おそるおそるマグロを切ると、

「おっ、手つきがいいですねえ」

すかさずほめたので、空気が和んだ。それから全員が順に切っていき、プロの刺身包丁の感触を知ってもらった。自分が切ったものは、皿に入れて、キープしておく。

そのあと、ほかのネタも切りつけをし、握りのデモンストレーションになった。

最初はマグロだ。まず手をよく洗い、指先に手酢《てず》（薄い酢水）をつけてシャリをとり、軽く手のひらで転がすように形を作る。それから左手でネタを取る。

「ネタは、できるだけ端っこをつまんでください。生ものですから、温まるのはよくないんです」

それを聞いて、なるほどと思った。夫が寿司を握るとき、ネタの端を指先で持ち、ひらひらさせるから、そういう癖なのかなと思っていたが、ネタを温めないためだったのだ。

若い衆が辞めてしまって、二人でやるようになったときに、私は握りの特訓を受けた。でも寿司は大将が握るのがベストだと思い、軍艦巻きだけ作っていたので、知らないことが多い。おいしい寿司を握るためには、こんな細かいところまで気を配るのだ。私も受講生になったような気がした。

「指の第二関節の上にネタを置きます。それからわさびを取り、ネタの真ん中につけます。わさびの量は脂のあるトロの場合は多め、イカ、白身は少なめにします。脂のあるネタはわさびがききにくい、淡白なネタはききすぎて、『辛いっ』と、お客さんが飛びあがったりしますからね。特に女性は、辛いのが苦手な方が多いです」

夫は握りながら、分かりやすく説明する。熱心にメモを取っている人もいた。

「シャリをネタに乗せ、左手の親指で真ん中をくぼませます。こうすると、置いたときの足ができます。それに、中に空気が入っているから、口に入れたときふわっとした食感になるんですね。それからひっくり返して、両脇と前の部分を押さえれば出来上がりです」

そう言って、出来上がったマグロの寿司をまな板に置いた。すらりとした美しい寿司なので、生徒の間からふーっと溜息が聞こえた。

マグロの後、スズキやイカなどを握り、イクラは私が作った。

「これは軍艦巻きと言います。海苔を巻いた形が軍艦に似ているからと言われていますが、諸説あり、定かではありません」

夫が解説する。こうしてデモンストレーションの寿司が出来上がり、持参したゲタ(寿司を置く木の台で、下駄《げた》のような形をしている)に並べると、

「わあ、おいしそうっ」

と声が上がった。

「では皆さん、これよりも、もっとうまい寿司を握ってください」

笑顔で言うと、

「はいっ」

生徒たちはネタの切りつけをして、握り始めた。夫はテーブルを見て回り、

「お握りじゃないから、あまり力を入れないで、ふわっと握るように」

とか、

「シャリの量は、このくらいにしてください」

目の前でシャリを取って見せている。夫の寿司の重さを量ると十五グラムで、生徒の握りはその倍くらいある。どうやら、シャリを多く取りすぎてしまうらしい。

時間があれば、海苔巻きの作り方もレクチャーしたかったが無理そうなので、残っ

ている材料で鉄火巻き、玉子巻き、イカ巻きなどを作っておいた。

三時過ぎに全員の寿司が完成した。大きさは不ぞろいだが、彩りがきれいなので一見、プロが作ったみたいだ。海苔巻きをその横に添えると、

「わあ、嬉しい。おいしそうっ」

拍手が起きた。試食の時間になり、お茶を入れて席につくと、夫が口を開いた。

「せっかくだから、寿司の食べ方についてお話ししておきます。もともと寿司屋は屋台から始まった安直な食べ物ですから、難しいマナーはないんです。しかし、一つだけ、やってほしくないことがあります。

ネタをシャリからはがして醤油につけて、それをシャリに戻して食べる、追いはぎという食べ方です。寿司屋から見ると、せっかくきれいに握った寿司が、裸にされたみたいで悲しくなります。

きれいな寿司の食べ方は、握りを左に倒し、箸でそれをつまみ、ネタに醤油をつけて食べるんです。こうすればシャリが醤油に落ちずきれいに食べられます」

と、箸を持って説明したら、

「私、追いはぎやってたかも」

と、首をすくめる人もいた。それからみんな寿司を左に倒し、きれいに食べ始め

た。

「マグロ、おいしいっ」

「私はイカが好き」

という声が聞こえ、夫は満足そうな顔だ。

「自分で寿司が握れるなんて夢みたい」

いちばん年長らしい女性が言うと、

「皆さん大したもんですよ。女性は覚えが早い。ふだん、料理してるからかな」

夫が感心したように言った。

「先ほどお渡ししたシャリのレシピで、おうちでも寿司を作ってみてください。砂糖と塩を量ると、こんなにたくさん入れるの？　と思いがちですが、このくらい使わないと、しっかりした味つけにならないんです」

私がつけくわえると、

「今度寿司パーティします」

「夫に握ってあげたら驚くわ」

と口々に言ってくれた。

おいしい寿司飯《すしめし》のレシピ　四人分

米　四合
酢　八十cc
砂糖　二十四g
塩　十二g

飯切りとしゃもじを、ぬらした布巾で湿らせておき、炊きあがった熱々のご飯を入れる。しゃもじを大きく動かし、切るようにサクサクと混ぜ合わせる。ほどよく混ざったら、表面を平らにならして、うちわであおいで粗熱を取り、冷めた部分を返して、またあおぐ。人肌くらいになったら出来上がり。

家庭で役立つ煮切り醬油の作り置き

醬油　百五十cc
酒　五十cc

鰹節　ひとつかみ

醬油と酒を入れて、沸騰したら火を止める。そこに鰹節を投入して冷めたら鰹節を濾してパックに入れ冷蔵庫に保存する。刺身（マグロ、白身、イカなど）が残ったら、五分くらい煮切り醬油に漬けておき、熱いご飯に乗せ、わさびを加えて食べる。海苔を細かく切って散らすとさらにおいしくなる。煮切り醬油は週に一度火入れをし、量が少なくなったら醬油と酒を足しておく。しばらく使わないときは冷凍保存。

玉子焼きのレシピ　四人分

玉子　五個
かつおだし　百cc（粉末のだしの素でもおいしくできる）
砂糖　三十g
塩　少々
醬油　少々

サラダ油　少々

こういったレシピもプリントして渡したので、生徒さんたちは今も家で作ってくれているかもしれない。

家に戻ってから、

「お父さん、教えるの上手だし、好きなんじゃないの？」

と言うと、

「うん。嫌いじゃないな。大学のときもバスケットのコーチをしに、女子高に行ってたし」

夫は懐かしそうに言った。夫は中学から大学までバスケットをやっていたので、体育会系の厳しさを体験していた。大学を中退して寿司屋に入ったとき、板前さんから高下駄で蹴られたり、年下の先輩から嫌味を言われても我慢できたのは、そのおかげだと言う。

「料理教室の人が、ぜひ、またお願いしますって言ってたわよ」

帰り際に頼まれたことを話すと、

「いや、休みの日をつぶすのはちょっとな。それにおまえも疲れるだろ」

そのころはまだ定休日は週に一回だったので、講座に行くと、一週間休み無しになる。

確かにそれはちょっときつい。そこでふっと考えた。

「ねえ、店を辞めたら二人で寿司教室やらない？ 小さい教室借りて、魚のおろし方からシャリの炊き方、握り、海苔巻き、昆布締めの作り方を一年くらいかけて教えるの」

「それはおもしろそうだなあ」

「定年退職した男の人が、習いに来るかもしれないし楽しいわよ、きっと」

そんな話をしたのは、十年以上前のことだ。

「いろんな計画を立ててたのに、お父さん、さっさと逝っちゃうんだものね」

私が言っても、写真の中の夫は機嫌のいい顔で笑っているだけだ。

4　二代目の店

築地から豊洲《とよす》へ

豊洲市場が開市することに決まってから、お客さんに、

「これから仕入れが大変ですね」

とよく言われたし、築地の仲買の人たちも、

「引っ越してみなくちゃ分からないよなあ……」

と困り顔だったという。市場の引っ越しだが、うちの店にとって重要な問題は、

「豊洲にバイクで通えるか？　魚河岸からの荷物が届くのは何時ころになるか」

ということだった。二代目は築地にバイクで行き、仕入れた荷物のうち、仕込みに手がかかるものはバイクに積み、ほかのものは茶屋に預けてくる。茶屋というのは市場の配送センターのことで、ここに買ったものを預けると、契約しているトラックに乗せて店まで運んでくるのだ。トラックの運送代は月に三万円、このほかに茶屋の代金が八千円かかるから、カートに入れて自分で持ち帰る人も多いという。

さらに問題があった。築地の場外市場は移転しない。野菜、海苔、折箱、割りばし、前掛けや白衣、包丁の店は場外にあるので、これらを買いに寄る時間のロスも大きい。二代目はどうしたものかと頭を抱えていた。東京の寿司屋の多くは、同じ思いだったろう。

あれこれ悩んでいるうちに、平成三十年十月十一日豊洲市場が開市したが、すぐに仕入れに行っても勝手が分からない。その日は店を休んで、二代目は市場の下見に行った。

東中野を出たのは朝の五時。豊洲大橋はすごい渋滞で、バイクもなかなか進まず着くまでに二時間かかった。新しい市場には魚を扱う水産棟と青果棟があるが、どちらが魚の棟か迷っているうちに時間を食い、ようやく中に入ると行きつけの店がどこにあるのか、地図を見ても分からない。人ごみの中をうろうろしていると、顔見しりの仲買の人が、通路に案内役で立っていて、

「名登利さん、こっちですよ」

と教えてくれたので助かったという。一通り見て、うちに帰ってきたのが十一時過ぎだから、往復五時間以上かかったことになる。

「いやあ、参ったなあ。通うのが大変だ」

と不安そうだったが、慣れたらどうということもなかった。道が渋滞していたのは最初だけで、しばらくしたら普通に走れるようになった。築地より十五分くらい時間がかかるが、買い物はしやすいという。築地は昔ながらの市場だから吹き曝《さら》しで、真冬は凍えそうな寒さだったが、新しい市場は建物の中に入っているから、明るくて清潔で、温度管理されている。築地はタバコのポイ捨てが多かったが、豊洲は喫煙所を使用することになった。

ここ数年、築地は外国人観光客が多くて、魚に触ったり、マグロの切り口をなめたりする人もいて問題になっていた。新しい市場は、観光客と仕入れ業者は入り口がそれぞれ別で、マグロの競りは見学者デッキから見るようになっているから、買い物しやすいという。

二代目の仕入れの方法は、夫とずいぶん違う。夜のうちに、LINEでほしい魚を仲買に連絡しておき、翌朝、仲買がそろえた中から選んで買ってくる。こうしたほうが時間のロスがないから、お互いに楽だという。

豊洲から築地まではバイクで十分くらいかかるが、わさびや野菜や玉子も前の晩に註文しておくので、場外市場を回ってもすぐに持って帰れる。海苔やお茶は昔から買っている金子《かねこ》海苔店に電話で註文して、運送屋さんに運んでもらうから支障がない。

案ずるより産むがやすしというが、豊洲市場のほうが二代目には合っているように見える。

夫は仕入れの帰りに買い物するのが好きで、築地の場外市場の干物店でアジの開きとか西京焼きを、よく買ってきた。大ぶりのアジの開きは焼くと皮目が金色になり、脂がじゅうじゅう落ちる。大きいから二人で一枚あれば十分で、大根おろしを添えて食べると、これぞ日本の朝ご飯というおいしさだった。

ギンダラの西京焼きは脂がのっていて、大きくて厚みがあり、かむとじわっと甘みが出る。これは、酒のつまみに向いていた。どちらも一枚五百円。デパ地下では同じくらいのアジの開きを八百円で売っていたし、西京焼きはもっと高かった。

ときどきお団子とか豆大福をお土産に買ってきてくれることもあった。どれもできたてでおいしいので、

「築地はやはり安いし、品物がいいわね」

と言うと、

「そりゃそうだ。なんたって、日本一の魚市場だからな！」

自分がほめられたみたいに、嬉しそうに言っていた。買い物だけでなく、市場で同業者と情報交換するのも楽しみだったようだ。

新年の初荷の日には、振る舞い酒で顔を赤くして帰ってきて、

「やっぱり魚河岸はいいなあ」

と言いながら、河岸かごからコハダやアナゴを取り出した。

夫が亡くなってから、おいしい干物や西京焼きを食べてないので、

「築地の場外で、アジの開きを買ってきてくれない？」

二代目に頼んだら、

「店が分かれば買ってくるけど、あちこち探しまわる時間はないよ」と言う。

でも、あのおいしい干物屋さんの店名が分からない。場外の通りの角にある店だと言っていたが、いつでも買えると思って詳しくは聞かずにいたのだ。二代目は仕入れの魚以外は買わず、きっちり同じ時間に帰ってくる。

夫がいたら、

「ＬＩＮＥで註文しておく？　なんだ、そりゃ」

と言うかもしれない。

おまかせコースをカスタマイズ

二代目と二人で店をやることになったとき、本格的なコースメニューを作ることにした。あらかじめ食べるものが決まっていれば準備ができるので、お待たせしなくても済む。

それまでも、おまかせ握りという寿司のセットはあった。握り八貫に海苔巻きと玉子焼きで八千円。これにつまみを何品か追加する。

寿司屋のつまみといえば、刺身の盛り合わせだが、中トロ、白身、イカ、赤貝などを盛り合わせると一人前で五、六千円になってしまう。これでは値が張りすぎるし、寿司と重なるネタが多い。そこで、新規のコースメニューはこんな風にした。

まず突き出しの小鉢。それから月見イワシ。これはうちの一番人気のつまみだから、必ずお出しする。

そのあと、鰹があるときは鰹の刺身三種盛り。鰹の刺身の上に、玉ねぎのすりおろ

しを少々、和辛子、生姜を乗せた一皿だ。玉ねぎが乗せてあると、

「玉ねぎなんて珍しいですね。さっぱりしておいしい」

と喜ばれることが多い。鰹をすりおろした玉ねぎにつけて食べるのは、夫がいたころからやっていた。これは、昔お客さんから教わった食べ方で、お相撲さんがこうして食べていたという。この食べ方もおいしいのだが、食べた後、口の中に玉ねぎの匂いが残ってしまって、翌朝まで消えない。でも、ほんの少しの玉ねぎなら匂いは残らないからと、二代目が考えた食べ方だ。

冷たいものが続いたので、次は焼き物にする。蛤の季節には、焼き蛤。火が通った蛤に醤油を少しかけると、ジュッと音がしておいしそうな香りが漂う。

熱々をお出しするとお客さんが、

「わあ、大きいですねえ」

と目を見張るので、

「茨城《いばらき》の鹿嶋《かしま》産です。今が旬なんですよ」

などと二代目が解説する。焼きたての蛤は、柔らかくてしっとりしていて、うま味が口の中一杯に広がる。貝の中に残ったおいしい汁も、ぜひ飲んでいただきたい。

長物《ながもの》（アナゴ、ハモなど）がおいしい夏の時期は、アナゴの白焼きだ。白焼きの焼

き方にもこつがあり、皮目に金色の脂が出て、ちょっと焦げ目がつくくらいに焼き、仕上げに刷毛でみりんをさっと塗ると、照りと、ほんのりした甘みが出る。

それにきゅうりを添え、スダチとわさびで食べていただく。お客さんの中にはきゅうりが苦手な人もいるので、そういうときはオオバを添える。ちなみに、きゅうりが苦手な人は意外に多く、全員男性だ。

白焼きと言えば、若いころ、とんだ失敗をしたことがある。註文の白焼きを運んだら、お客さんが一口食べて、

「もっとよく火を通してもらえますか」

と言った。見たら、アナゴの腹の部分が生っぽい。

「すみません、焼き直しますので少々お待ちください」

すぐに新しいアナゴを焼いてお出しすると、今度はおいしそうに食べてくれた。あとで聞いたら、そのお客さんは寿司屋の板前さんだという。

「生焼けなんか出して、ほんとに恥ずかしいです」

と言ったら、

「わたしも、そういうことはありますから」

と慰めてくれた。そんなことがあってから、白焼きはじっくり時間をかけて仕上げ

るようにしている。

冬の焼き物は白子の塩炙りだ。たっぷりした白子に塩を少量ふり、バーナーで炙ると、塩の部分がカリッとして、中はとろーりと甘くなって日本酒が進む。これが白子のいちばんおいしい食べ方だと、夫がよく言っていた。

ちょっと目先を変えて、自家製のタレに漬け込んだ、金目鯛《きんめだい》とか黒ムツの焼き物をお出しすることもある。皮はパリッと、中はジューシーに焼き上がったのを皿に乗せ、大根おろしを添えてお出しすると、

「白いご飯がほしくなるなあ……」

お客さんが真顔で言う。たまに金目のしっぽの部分が残るので朝食に食べると、甘いタレの味がご飯によく合い、

「なんておいしいんだろう……」

と溜息が出る。

焼き物の次は揚げ物だ。十月から十一月はシシャモが出てくるので、北海道の鵡川《むかわ》で獲れた本シシャモに、片栗粉をまぶしてから揚げにする。居酒屋にある串に通した樺太《からふと》シシャモ（カペリン）と違い、本物は体長十五センチくらいのものもあるので、

「これ、シシャモですか？」

「こんなに大きいの初めて見た」

などと目を丸くするお客さんが多い。これを頭からしっぽまで食べられるように二度揚げするので手間がかかるが、塩少々にレモンを搾って食べると香りがよく、

「おかみさん、揚げ方がうまいですね」

とお客さんにほめられた。寿司屋になって四十五年、まさか揚げ物でほめられるとは思わなかった。

シシャモはタンパク質が豊富で、カルシウム、DHAもたくさん含まれている。それに頭からしっぽまで食べられるから無駄がない。

お客さんの中には、次に見えたとき、

「シシャモがあったら、二匹にしてください」

と言う人もいるので嬉しくなる。

さらにおつまみをもう一品、冬に人気なのはカワハギの肝和《あ》えだ。カワハギの肝を叩いて、細く切った身と和える。これに芽ねぎを乗せてお出しすると日本酒のつまみに最適で、夫がよく作っていた。二代目はこれをアレンジしてナメロウにする。肝と身をいっしょに叩いて、ねぎと味噌と生姜を加えて味つけし、隠し味に醬油を数滴落とす。これをお出しすると、

「カワハギのナメロウなんて贅沢だなあ。こくがあってうまい！」

とお客さんに喜ばれる。

つまみが一通り出たところで、玉子焼きの出番だ。熱々をお出しすると歓声が上がるので、玉子焼き担当としては嬉しい。

「つまみはこのくらいで寿司になります」

二代目が言い、つけ台に寿司皿が置かれる。寿司は味の淡白な白身から始まり、コハダ、イカ、ウニ、アナゴ、最後にトロ漬け炙りなど九貫に、アサリかシジミのお椀がつく。

「税別で一万二千円だね」

「その値段でできるの？」

思ったよりも安いので聞いてみた。

「かなりサービスだけど、気に入って常連になってくれればいいんだ。これでおなか一杯になるはずだけど、ほかのものも食べたかったら追加してもらえばいい」

二代目の言うとおり、若いお客さんはコースの後で、

「トロタク巻きください」

「カワハギの肝のせと、イカの昆布締めを一貫ずつ」

などと追加注文するが、年配のお客さんは、

「もうおなかが一杯で、何も入りません」

という人も多い。

以前は、予約の電話で、

「一人、いくらくらいで食べられますか？」

と聞かれたが、今は、

「おまかせコースだと、人気のものが全部入って一万二千円です」

とお勧めすることにしている。コースのお客さんが見えたら、

「苦手なものはありますか？」

最初にお聞きするので、月見イワシの生玉子が苦手という人は、イワシの刺身に変更するし、貝が苦手で焼き蛤は食べられないという人は、アナゴに変えたりする。

せんだって、お客さんからこんな話を聞いた。接待で、銀座《ぎんざ》の有名寿司店に行ったときのこと。コースを頼んで、一人がウニは苦手と言うと、

「分かりました」

と板前さんが言ったが、ほかの人がウニを食べている間、その人には代わりのものが出てこなかったという。それではお客さんに気の毒だから、うちでは相応のものを

お出しすることにしている。

新規のお客さんにはコースをお勧めして、その次からは、好きなものを註文してもらえばいいと思ったが、ほとんどの人が、

「コースでお願いします」

と次のときも言ってくれる。季節によって魚が変わるので、前に食べたものと重ならないからいいそうだ。

ときには一万二千円と聞いて、

「アニバーサリーなので、もっと高いほうがいいんですけど……」

などと言われることもあるが、

「とりあえずコースを食べていただいて、そのあと、ウニでもトロでも追加できますから」

と言うようにしている。逆に一万二千円では予算に合わないのか、

「じゃあ、やめておきます」

と言う人もいる。

常連さんの中にはコースがあるのを知らない人もいる。

「えーっ、いつからできたの？」

しょっちゅう来てくれているから、ホームページを見ないらしいので、内容を説明すると、

「じゃあ、次の接待のときはコースにしよう。そのほうが楽だしね」

と言ってくれた。それを聞いて、二代目は嬉しそうな笑顔になった。

寿司屋のアミューズ

フランス料理のコースを頼むと、オードブルの前にアミューズが出る。最初はアミューズって何だろうと思っていたが、小さな前菜、和食で言う突き出しのようなものだと分かった。

アミューズは和食の影響を受けたフランス人シェフが考えたそうで、シェフの腕の見せ所だという。私が今まで食べたのは、フォアグラのパテに薄く切ったパンを添えたもの、一口サイズのパイ、エビをからりと揚げてタルタルソースを添えたものなど、見た目が美しくておいしいものが多い。

うちの店でもコースメニューを作るときに、突き出しをどうするか考えた。それまで、突き出しというのは特になくて、おつまみに時間がかかりそうなときはゲソとかタコの頭をサービスで出していたが、たいていはガリをつまんでもらっているうちに、おつまみを出せた。

ガリが好きな人は意外に多く、飲み物を運ぶ前に、ガリの小鉢がからっぽになっていることもあるから、ガリ好きのお客さんには、多めにお出しするようにしている。

「ガリおいしいですね。自家製ですか？」

とよく聞かれるが、栃木《とちぎ》の製造元から取り寄せている。ここの製品は国産の生姜を使い、着色料や保存料は無添加だ。ガリがピンク色なのは、酢の成分である酸が生姜本来に含まれる色素に反応したものだという。生姜の繊維や辛みが少なく、食べやすいから箸が進むのだろう。

ガリは一キロ入りの袋が十個で一万二千円。たかがガリといっても、けっこういい値段だ。もちろんもっと安いのもあるが、外国産だったり、生姜の切れ端ばかり集めたようなものだったりするから、安心できるメーカーのものを使っている。昔は五千円ほどだったが、年々値上がりしてついに一万円を超えてしまった。

しかし、コースとなったらガリだけというわけにはいかない。最初にお出しするアミューズを二代目が考え、こんなお品書きができた。
◎富山《とやま》の白エビに、イクラを乗せた小鉢。白エビは十二月から三月までが禁漁で、四月から解禁になる。魚河岸に入ってくるのは、小指くらいの大きさのものを手でむい

たもので、薄いピンク色で、すきとおっていてとてもきれいだ。イクラを少量散らし、オオバを敷いた小鉢に入れてお出しすると、

「わあ、きれい」

と女性から歓声が上がる。これにほんの少し醤油をかけて食べると、甘くてやさしい味わいで、ホッと一息つける感じだ。

◎白魚《しらうお》は、小さいけれどシラウオ科の成魚だ。シロウオとよく混同されるが、シロウオはハゼ科で別の魚だ。白魚は北海道で獲れる大きめのものを仕入れてくる。新鮮だから、すきとおっていて歯ごたえがあり、癖がなくておいしい魚だ。これも、オオバを敷いた小鉢に入れ、わさびを添えてお出しする。ときどきから揚げにして、塩を振ってお出しすると、
「ビールに合う！」

とお客さんに喜ばれる。

◎ノレソレをお出しすることもある。ノレソレというのはアナゴの稚魚で二月から四月ころまでが旬だ。平べったくて長さは五センチから七センチくらい。無色透明で目

の部分に小さな黒い点が見える。これが夏には立派なアナゴになるのだから、食べてしまうのはもったいないような気もするが、小鉢にほんのひとつまみ入れてお出しして、生姜醤油で食べていただく。初めて見るという人も多く、

「これは白魚ですか？」

と聞かれるので、アナゴの稚魚ですと言うと、

「これがアナゴになるんだ」

と目を丸くする。食べると海の香りとほのかな甘みがあり、春を告げてくれる一品だ。

◎タコパッチョも人気がある。相模湾《さがみわん》の佐島《さじま》沖で獲れた活《い》けタコを、半生くらいに茹でて、薄切りにして塩と粒コショウをかけ、ねぎを散らしてふたきれほどお出しする。

◎秋には自家製の新イクラの醤油漬けだ。海苔を敷いた小鉢に、握り一貫分くらいのシャリを入れ、その上に新イクラをたっぷり乗せる。新イクラのルビー色と海苔の黒が映えて、宝石が散っているように見える。シャリがあるアミューズは珍しいが、私

はシャリが好きなので、最初にこういう小鉢が出たら嬉しいと思う。

◎湯引きしたマグロの柵を煮切り醬油につけて三十分おいて漬けにして、わさびを添えてお出しすることもある。周りの白い部分と内側の赤身のコントラストが鮮やかで、お菓子みたいに見えるが、わさびを乗せて食べるとマグロのうま味がよく分かる。赤身でも、うっすらと脂があり、

「いいマグロは、赤身がうまい」

と夫がよく言っていたのを思い出す。漬けは時間をおくと色が変わってしまうので、残ったものは私に回ってくるから、翌日の朝ご飯にいただくことにしている。土釜で炊いたぴかぴかのご飯に漬けとわさびを乗せ、海苔を巻いて食べると、

「なんておいしいんだろう……」

と溜息が出る。土釜の底にできた狐色のおこげが食欲をそそるから、やはり私は釜底が好きみたいだ。

◎クエの薄切りを渡されたとき、てっきり湯引きにするのだと思い、湯通ししてから冷水に漬け、冷たいのを二代目に渡したら、

「えっ、温かいままのものがほしいんだけど」

　と言われた。

（温かいままま？　変なこと言うなあ……）

　首をかしげながら、湯気が立つのを渡すと、二代目はそれを小鉢に入れ、ポン酢と紅葉《もみじ》おろしと小ねぎを散らし、

「クエのしゃぶしゃぶ風です。このまま召し上がってください」

　とお客さんにお出しした。すると、

「おいしい！」

「脂がのってますねえ」

　という声が聞こえてきた。これは味見しなくてはと、ひと切れもらってみた。クエは、ほど良く脂がのっていて歯ごたえがあり、ポン酢と紅葉おろしが食欲をそそる。食べた後、やさしいうま味の余韻が残った。クエは九州ではアラと呼ばれ、鍋にすることが多いから、温かい手法が合うのだろう。

「おいしいわねえ。これは修業中に覚えたの？」

　と聞いたら、

「いや、自分で考えた。寒いときは喜ばれると思って」

二代目が満足そうに言った。

◎クジラのベーコンもときどき登場する。私の年代は、クジラは安いものというイメージが抜けないが、今は高級品だ。薄くスライスしたのが、パックに十枚くらい入って二千円以上するから、

「高くなったわね」

と言うと、

「いちばんいいのを買ってきたからね。もっと安いのもあるけど、そんなの出せないし」

と二代目。これに和辛子を添えてお出しすると、若い人に喜ばれるし、年配の人は懐かしそうに食べてくれる。

アミューズではないが、コースの最後に、夏は岸和田《きしわだ》の水茄子の漬物をお出ししている。大きくてみずみずしい茄子で、漬物というよりフルーツのような味わいで、食べると口の中がさっぱりする。中には、

「おいしいのでデパ地下で買ってみたら味がぜんぜん違ってました」

と言う女性もいる。そこで製造元を教えてあげたが、ネットで探してもなかったそうで、築地の場外市場でしか買えないみたいだ。しかし、野菜が苦手な人もいるので、

「水茄子お好きですか?」

と聞いてから、お出しするようにしている。

クレジットカード使えます

お勘定のときに、

「カードでお願いします」

とお客さんが言ったので、

「はいっ」

と、カードを受け取った。カードの機械に慣れるまでは緊張したが、もう何年も扱っているのでさっと処理できる。

お客さんが帰ったら、常連の山本さんが、

「おかみさん、いつの間にカード使えるようになったの？」

驚いた顔で尋ねた。

「あら、だいぶ前からですけど」

私が「各社カード使えます」という壁の張り紙を指さすと、

「ぜんぜん気づかなかった。おかみさんの本には、カードを導入するか検討中って書いてあったから、接待でくるときは、お金をおろしてから来てたんですよ」

言われて確認したら、『寿司屋のかみさん　二代目入店』の八十三ページに「検討してみるか」という箇所があり、その結果が書いてない。だから、いまだに検討中だと思っていたらしい。

「私が早く言えばよかったんです。すみません」

と言うと、

「じゃあ今日はカードで払おう」

山本さんはカードを取り出した。

以前は予約の電話で、

「お店はカード使えますか？」

と聞かれ、

「うちは使えないんです」

「じゃあ、やめときます」

などということが、何度かあった。来店前に聞いてくれればいいが、会計のときにカードを使えないと知って、コンビニに走る人もいた。

あるときこんなことがあった。会計のときに現金が足りなくて、男性がコンビニにお金をおろしに行き、連れの女性は居心地悪そうに座っていた。女性にお茶をお出しして、

「カードが使えなくて、すみませんね」

と言うと、奥の席にいた常連客の清水さんが、

「僕も、作家の先生の食事会で、同じような経験がありますよ」

と話し出した。清水さんは大手出版社の編集者なのだが、何年か前、同僚の編集者と作家の四人で有名なレストランに行き、おいしいステーキとワインを楽しんだ。食事が終わって会計しに行くと、

「当店はカードは使えません」

と言う。慌てて、同僚と持っているお金を出しあったがぜんぜん足らない。お勘定は一人七万円。コンビニに行こうにも、住宅街の奥にある店だ。どうしようと青ざめたら、気づいた作家さんが、

「僕が払っておくよ」

と、分厚い財布を出して払ってくれたという。

「あのときはあせりました」

清水さんが言ったら、女性が、

「なんていう作家さんなんですか？」

と聞いた。有名な作家の名前が出たら、

「私、ファンなんです。作品、全部読んでます」

「そうですか。先生は苦労人だからやさしいんです。ははは。って笑ってました。もちろんあとでお返ししましたが」

そんな話をしているところに、連れの男性が帰ってきた。走ってきたらしく額に汗をかいている。でも女性が笑顔で私たちと話しているので、ホッとした様子だった。

清水さんは女性の気持ちを和らげようと、自分の失敗談を話してくれたらしい。お客さんに気を遣わせてしまい、もうこんなことがないようにカードを導入した。

恐怖のオーバーブッキング

うちの店は、数年前から完全予約制にしている。予約の電話を取るのはほとんど私だ。以前、夫が電話に出たら、

「昨日、大将に予約の電話したんだけど、ちゃんと入ってます？」

確認の電話をしてくるお客さんがいて、

「なんだよ、おれ信用ないなあ」

とすねてしまい、めったに電話を取らなくなった。でも先日、常連客の高間《たかま》さんが、

「僕が三年前に初めて予約の電話をしたとき、大将が出たんです。で、大将が、『え、初めて？　場所分かる？』って親切に聞いてくれました」

と話してくれた。

「そうだったんですか。大将が受けた予約は、高間さんが最後かもしれません。それ

からずっと来ていただいてるから、ご縁があったんですね」

私が言うと、高間さんは懐かしそうにうなずいた。


予約の電話を受けたときは、お客さんの名前、日時、人数、電話番号をメモ用紙に書き、厨房にあるカレンダーに書き入れ、さらに、予約一覧ノートに書き込む。予約の日時だけでなく、好みのネタ、誕生日とか結婚記念日で来店などとメモしておくと、次の来店時の参考にもなる。顧客情報は大事だ。

これだけ記録すれば完璧そうだが、思い出しても冷や汗もののミスがあった。

その日は土曜日でテーブル席に家族四人の予約、カウンター席も全部埋まっていたから、

「今日は、もう満席だね」

と二代目と話していた。

開店と同時にお客さんが見えて、六時半にはカウンター二席を残すだけになった。ここは六時半過ぎに予約の堀江さん夫妻の席だ。

お客さんに飲み物をお出しし、万事順調に動き出したとき、入り口が開いた。堀江さんだと思い、

「いらっしゃいませっ」

声を張り上げたら、若いカップルが立っていた。

「えーと、ご予約は……？」

「はい、予約した遠藤です」

私がきょとんとしていると、二代目が、

「遠藤さんですね。お待ちしてました。どうぞこちらへ」

あいている二席を指した。私は厨房に行き、予約ノートを見ると遠藤さん六時半と書いてあるが、カレンダーに書き込んでない。オーバーブッキングだ。どうしよう。もうじき堀江さんが来るのに……頭の中が真っ白になった。すると二代目が、

「しょうがない。こうなったら、堀江さんに時間を少しずらしてもらうしかないね」

と言った。遠藤さんたちは、なんか変だなというように顔を見合わせている。

「すみません、来店のお時間をちょっと勘違いしてたみたいで。どうぞこちらに」

二代目がさりげなく言った。私はパニック状態だが、二代目は繁盛店で修業してきたせいか、お客さんへのフォローがうまい。遠藤さんが席に着いたとき、堀江さん夫妻がみえた。私は店の外に出て、

「すみません、オーバーブッキングしてしまいました」

申し訳なくて、泣きたいような気持ちで言った。すると二人は、

「じゃあ、このへんぶらぶらして時間つぶしてますよ」

「大丈夫だから気にしないでください」

と言ってくれた。堀江さん夫妻が神様に見えた。

八時近くなって席が空いた。二時間もお待たせしたから、ずいぶんおなかが空いただろうと、おいしいものをたくさんお出しして、料金は半額にさせてもらった。堀江さん夫妻は、

「大丈夫だから、気を遣わないでください」

と言ってくれたが、代金をいただくのが申し訳ないくらいの気持ちだった。

その一週間後、また肝をひやす出来事があった。土曜日の六時過ぎ、

「予約した宮田です」

と、カップルがみえた。予約を受けた覚えはないけれど、カウンターが二席あいているし、テーブル席もある。何食わぬ顔で、

「はい、お待ちしてました」

とあいている席を勧めた。二代目は宮田さんの予約なんて聞いてないから、びっくりしたようだが、顔には出さない。

私は註文の生ビールを運び、

「ご予約の電話をしていただいたのはいつでしたっけ？」

と聞いてみた。すると昨日の夜だという。しかし、ゆうべ電話を受けた覚えはないし、メモも見当たらない。もしかしたら新小岩の名登利鮨に電話したのかもと、新小岩に問い合わせてみたが受けてないという。

じゃあ、やはり私が受けたのか？　記憶にないけれど、二週続けてミスをするなんて、いよいよぼけたかと情けなくなった。しかし、しょんぼりしている暇はない。ちゃんと仕事はこなさなくてはと、二代目から手渡されたキスの皮目に熱湯をかけた。熱湯で皮目がチリチリッとちぢんだら、氷水につけて引き締めると、皮と身の間のうま味が凝縮され、さらにおいしくなる。

冷えてぷりっとしたキスを渡そうとしたら、二代目が小声で聞いた。

「あのさあ、宮田さんの予約って受けてたの？」

「受けてないと思う……」

と言ったが自信はない。先週みたいにうっかりミスという可能性もある。とにかく席があったからいいと思い、アナゴを炙ったり玉子焼きを焼いたり、忙しくしていた。しばらくして宮田さん夫婦を見ると、奥さんがスマホを耳に当て、びっくりした

顔でご主人に手渡した。何か事件でもあったのかと思ったら、

「あのう、もしかして僕たち予約してないんじゃ？」

　ご主人が尋ねた。

「はい、実はそのようなのですが……」

　正直に言うと、

「すみません、実は予約のとき、お店の電話番号を間違えたみたいなんです」

　今、スマホに留守電が入っていたので聞いたら、

「宮田様、ご来店は何時ごろになりますか？」

　よその寿司屋さんからのメッセージが入っていたという。

「じゃあ、うちだと思って、違うお店に電話してたんですか？」

「そうなんです」

「行きつけのお店ですか？」

「いえ、ぜんぜん知らない店です」

　店の名前は、うちの屋号とは似ても似つかぬ名前で場所も遠い。なんで間違えたのか分からないと、奥さんは首をかしげている。

「うちは大丈夫ですけど、向こうの寿司屋さんは困ってるんじゃないですか」

心配になって言うと、ご主人が、

「ちょっと、電話してきます」

と外に出ていった。私は、二週続けてミスしないでよかったと胸をなでおろしたが、土曜日の夜にドタキャンされた店は気の毒だ。戻ってきたご主人が、

「よく謝っておきましたので」

と言ったが、空いた席に別のお客さんが入ってくれればいいけどと、よその店の心配までしてしまった。

神楽坂《かぐらざか》で居酒屋をやっている常連さんに、

「オーバーブッキングしたことあります？」

と聞いてみたら、

「ありますよ。予約を書くの忘れて、八人もお客さんが来て大慌てしました」

と笑って言った。その店は広いので何とかなったというが、うちのように小さい店は気をつけないとえらいことになる。そんなことがあってから、テーブル席は、万が一のときのため空けておくようにした。

高価な忘れ物

忘れ物でいちばん多いのがスマホだ。お客さんが帰った後、カウンターを片付けているとスマホが置いてある。慌ててあとを追うが姿が見えない。仕方ないので預かっておくと、たいてい一時間以内に取りに来る。何年か前にスマホを忘れた人は、取りにくる時間がなかったらしく、バイク便が回収に来た。

先日は常連の女性客が、カウンターに座ってすぐ、

「スマホがないっ。タクシーに置き忘れたみたい」

青ざめた顔で言った。連れの人がすぐにそのスマホに電話したけれど、マナーモードになっているから、運転手さんに気づいてもらえない。

その日は家族六人の予約で、お父さんの誕生日を寿司でお祝いすることになっていた。女性のスマホが見つからなかったら、盛り上がらないだろう。困ったなと心配していたら、一時間ほどして電話がつながり、タクシーの運転手さんが届けてくれるこ

とになって、女性に笑顔が戻った。

しばらくしてスマホが届くと、女性が、

「ありがとうございました。本当に助かりました」

と言って、心づけを渡したので、私もサービス用に準備してある、焼き海苔のパックを運転手さんに手渡した。

「ええっ、いいんですか」

運転手さんがびっくりしていたが、おかげでうちも助かった。親切な運転手さんでありがたかった。

冬になると手袋、マフラー、帽子、中にはカーディガンを置いて帰る人もいる。そういう品物は袋に入れ、日付を書いてしまっておくが取りに来る人は少ない。眼鏡を忘れる人も意外に多く、困らないのかなと思うがそのままだ。ビニール傘の忘れ物も多いので、急な雨のときにお客さんに貸したりしている。

傘といえば、何年か前にさる高貴な方がご家族でお見えになり、そのとき、女性用のブルーの傘を忘れて帰られた。その傘は日付を書いて袋に入れ大事に保管してあり、ときどき、テレビでお姿を拝見すると、

（傘をお預かりしています）

と、胸の中で言ったりする。

日傘ではこんなことがあった。私の本の読者だという若いご夫婦が、関西から見えた。月見イワシやトロ漬け炙りを食べ、楽しそうに帰ってしばらくして電話があった。

「黒の日傘を忘れたんですけど」

と言うので、座っていたあたりを探したが見当たらない。

「ないようなんですが」

と言うと、

「そうですか……」

奥さんはがっかりした声で言った。そのあと、片付けをして床を見たら、黒い日傘が隅に倒れていた。床が黒いので気づかなかったのだ。連絡したかったが、電話番号を聞いてない。

お客さんは、確かにあそこに置いたのにと、納得できない思いでいるだろう。新品の素敵な日傘なので気がかりでならなかったが、それっきり見えない。

特急電車の指定席特急券が床に落ちていたときはあせった。お客さんはその日の夜に、特急で福井《ふくい》に帰ると言っていたからだ。電話番号も分からないし、どうしたものかと心配していたら電話が来たので、夫がバイクで東中野の駅まで届けに行ったことがある。間に合ってよかったとホッとした。

せんだっては、びっくりする忘れ物があった。開店早々にカップルが来店。男性は背が高く俳優みたいなイケメンで、話の内容からホストと顧客のようだった。

九時近くなって二人が帰り、三十分くらいして電話が鳴った。

「さっき行った者ですけど、カウンターの下に時計がありませんか？」

すぐにカウンターの下の、荷物入れを探ると腕時計があった。

「ありましたっ」

「じゃあ、これから取りに行きますので」

「はい、お待ちしてます」

そう言って時計をカウンターに置くと、常連の柴田《しばた》さんが、

「忘れもんですか？　これ高いですよ」

目を丸くして言った。

「えっ、いくらくらいするんですか？」

「二百万くらいかな」

高級ブランドの新作だという。

「なんでそんな高いものを、カウンターの下に置いたのかしら？」

不思議に思って言うと、

「さっきの人、ホストでしょ。ほかの女性からのプレゼントをしてきちゃったから、気づかれないように外して、カウンターの下に置いたんじゃないかな。それをうっかり忘れたんですよ、きっと」

柴田さんは新宿のデパートの営業マンだから、そういう事情に詳しい。

「なるほどねえ……」

話しているとタクシーが止まって、さっきのイケメンが顔を出したので、時計を渡した。イケメンはあせった様子もなく淡々としているから、こういう高級時計はいくつも持っているのかなと思った。

タクシーが行ってしまうと、柴田さんが、

「しかし、この店でよかったですね。カウンターの下に置いたっていっても、証拠はないわけだから、なかったですって言えばそれまでだ」

と言ったのでびっくりした。

「お客さんに、そんなことする人いますかねえ？」

「昔から時計と指輪は、外に出たら外すなって言われてます」

それを聞いて思い出した。バブルのころ、店の手洗いに指輪が置いてあった。「K」というイニシャルがあるゴールドの指輪で、その日に来店したカップルの、女性客のものらしかったが連絡先が分からない。そのうち取りにくるだろうと思っているうちに、平成が終わってしまった。そんな話をすると、

「それは忘れたんじゃなくて、いらないから置いてったんじゃないかな。バブルのころならあり得ますよ。元カレからのプレゼントとかで」

柴田さんが笑いながら言った。その指輪は今も保管してある。

苦渋の決断

うちの店のホームページには、

「お子様のご入店は小学生以上からとさせていただきます」

と書いてある。これを書くまでにはずいぶん悩んだ。というのも、以前は赤ちゃんや幼稚園児を連れた人もいたし、私の本にも、子供連れは歓迎と書いてあるからだ。

臨月の奥さんが、寿司を食べて帰ってから、陣痛が来て入院。

「大好きなお寿司を食べたおかげで安産でした」

と、赤ちゃん連れで報告に来てくれたこともあった。離乳食やミルク持参で来る家族もいたので、電子レンジで温めてあげたり、お湯を用意したりした。

テーブル席に座ってかっぱ巻きを食べていた男の子が、ハンサムな大学生になり、

「就職が決まりました」

と報告してくれると、夫がいたら喜んだだろうなと思う。

子供連れのお客さんのために、折り紙やお絵かき帳、布製の柔らかい積み木など置いておき、飽きたらテーブル席で遊べるようにしていた。

夫は子供連れのお客さんが来ると、

「何歳ですか？」

と聞いて、

「はい、五歳用のお寿司だよ」

などと、小さなイクラやマグロを握っていた。成長するにつれて寿司が大きくなり、小学校高学年になると、大人と同じ大きさの寿司になる。そういうことも、この商売の楽しみの一つだったが、ここ数年、子供連れのお客さんが少なくなった。子供は回転寿司のトロサーモンが好きらしいし、リーズナブルでメニューが多いからだろう。

ホームページに小学生以上からの入店と書くようになったのは、こんなことがあったからだ。一年ほど前のこと、近所に住むご家族四人の予約があった。大学生のお嬢さんの就職が決まったのと、妹さんの二十歳の誕生日だという。秋だったので、シシャモのから揚げとか、戻り鰹があり、

「おいしい」

と喜んでくれたので二代目も嬉しそうだった。その日はもう一組予約があった。

「子供がいるので、バギーでもいいですか？」

と聞かれ、

「じゃあ、テーブルをお取りしておきます」

予約時間になって若いご夫婦が来店、バギーの中に、生後三ヵ月くらいの赤ちゃんが、すやすや寝ていた。

ご主人が生ビールを註文し、奥さんはお茶を飲みながら、

「やっと来られたわ」

「よかったね」

ご主人もニコニコしている。どうやら出産後、初めての外食らしい。註文はおまかせコースだったので、つまみの月見イワシを出そうとしたとき、赤ちゃんが目を覚ました。あたりを見回し、知らない場所なので驚いたらしく大声で泣き出した。困ったなと思ったら、赤ちゃんを抱いてご主人が外に出た。しばらくして戻ってくると、また泣き出した。

カウンターの家族は嫌な顔もせずに話しているが、これではせっかくのお祝いの席が台無しだ。それに、このあとも予約の人がいる。泣き続けられたら困ると思い、意

を決して、

「お子さん、かわいそうだから、今日はお帰りになったほうがいいんじゃないですか」

と言うと、ご主人がホッとしたように財布を取り出した。コースを頼んだから帰ろうにも帰れなかったらしい。

ビールと突き出しだけだから、いくらでもないので、

「この次にいらしたときでいいですよ」

と言って、お代は受け取らなかった。バギーを押して、しょんぼり帰る家族を見送ってから、

「さわがしくてすみませんでした」

カウンターのお客さんに頭を下げると、

「あら、ぜんぜん大丈夫よ」

奥さんが言ってくれたが、あの泣き声が気にならないはずがない。申し訳ないので、お詫びに吟醸酒をサービスさせてもらった。

その晩、

「前から考えていたんだけど、子供の来店は小学生以上からということにしようか」

「そうね、これからもこういうことがあるかもしれないし」

二代目と話し合って、来店は小学生以上からということにした。若いご夫婦は、あれっきり見えないので、ホームページを見たのかもしれない。私も子供が小さいころは、思うように外食ができなかったから、若い奥さんの悲しそうな顔を思い出すと胸が痛くなる。

えっ、ベジタリアン！

ときどきみえる年配のご夫婦から、予約の電話をいただいた。アメリカ人と結婚してロスに住んでいる娘さん一家が来るので、カウンターを取っておいてほしいという。

人数は五人。うちのカウンターは八席しかないから、五人の予約はきついと思ったが、せっかくアメリカから見えるのだからと、カウンターをおとりした。

その晩に見えたのは、両親と娘さん一家。娘さんのご主人は、すらっと背の高いハンサムなアメリカ人で、高校生くらいのお嬢さんもすごくかわいい。

飲み物を聞くと、みんな、

「お茶ください」

と言う。おつまみは食べず、握りがメインのようだから、シャリをたくさん炊いておいてよかったと思った。外国の人は大トロとかウニのように、こってりしたものが好きな人が多い。昔よく来ていたドイツ人は、大トロをつまみで食べて、さらに大トロの握りを十貫食べたことがある。だからトロもたくさん用意しておいた。

「なにから握りましょうか？」

二代目が張り切った顔で聞くと、

「あのう、私たちベジタリアンなんで、魚は駄目なんです」

娘さんが困ったように言った。

「えっ？」

「魚はぜんぜん食べないので、野菜だけでお願いします」

「じゃあ、玉子焼きはいかがですか？」

と聞いてみた。予約時間に合わせて、玉子焼きが出来上がったところだった。ところが、

「それもダメなんです」

と言う。娘さんの話によると、一家はビーガンという完全菜食主義者だから、肉、魚、玉子、乳製品、はちみつなどの動物性食品を一切取らないのだという。

ご両親は娘さんたちが来てから、ベジタリアンになったのを知ったが、うちに予約してしまったので、キャンセルするのも悪いと思ってきてくれたらしい。娘さん一家

も居心地悪そうにしている。

ご両親は、気を遣ったのか、

「私たちは、玉子焼きをいただきますから」

と言ってくれたが、娘さん一家の前にはガリが置いてあるだけだ。さて、何をお出しするのかと思ったら、

「じゃあ、食べられそうなものを作りますよ。かっぱ巻きとかかんぴょう巻きなら食べられますよね」

二代目が言った。

「はい。それなら大丈夫です。あと海藻も食べられます」

そこで、わかめとウゴとカイワレの盛り合わせサラダをお出ししたが、緑色ばかりだから彩りがいまいちだ。でも娘さん一家はおいしそうに食べている。

「なんでベジタリアンになったんですか？」

ときくと、数年前までご主人がすごく太っていて、それで一念発起して、肉はやめて野菜だけを食べるようになり、痩せて体調もよくなったので、家族でベジタリアンになったという。太っているときの写真を見せてもらったが、まるで別人だった。ベジタリアンになったら、こんなにスリムになるんだと感心したが、寿司を食べない生

活なんて私は無理だ。

ご両親はマグロとか星ガレイなどの握りを食べて、

「こんなにおいしいものを食べないなんて、もったいないねえ」

「せっかく日本に来たのに」

と話しているが、高齢なのでそうは食べられない。

まったく盛り上がらないまま、一時間ほどで一行が帰った。まだ七時になったばかりだ。カウンターを片付けながら、そういえば、前にもこういうことがあったのを思い出した。

まだ夫が元気なころ、お客さんの中に一人、外国人のベジタリアンがいて、刺身のつまと、かっぱ巻きだけ食べたことがあった。そのときは、ほかの人がたくさん寿司を食べてくれたが、今回はお年寄りの夫婦が、二人で一人前くらいの寿司を食べただけだ。

「五人入ってるから、ほかの人断ったのに」

「まあ、しょうがないね」

しょんぼり洗い物をしていると電話が鳴り、しばらくして常連のご夫婦が顔を見せた。

「あれ、誰もいない。珍しいですね」

そこでベジタリアンのお客さんのことを話すと、奥さんが吹き出した。

「で、その人たちはなにを食べたんですか？」

と聞かれ、

「刺身のつまと、かっぱ巻きです。玉子焼きも駄目なんですって」

「えーっ、それは大変でしたねえ。じゃあ、私たちがたくさん食べますよ。あとお土産のお寿司も二人前お願いします。トロを多めにね」

と景気のいい註文をしてくれた。まさに救いの神だった。

八年物のホタテ貝

仕入れから帰ってきた二代目が、

「今日はすごいホタテがあったんだ」

と嬉しそうに言った。しばらくして、魚河岸のトラックが到着して、仕入れた魚が全部そろった。その日のホタテ貝は直径二十一センチ、大人の男性の手くらいの大きさだった。仲買の店には、この二枚しかなかったという。

「こんなに大きいホタテ貝、一人じゃ食べきれないわね」

私はホタテ貝の殻をタワシで洗いながら言った。サザエやホタテの殻に海藻や小さなアワビの殻がついていたりすると、海の中に長くいたんだなあと思う。このホタテにも、小さなアワビの殻がいくつかついていたので、

「これはどのくらい海の中にいたのかしら」

「八年物だって店の人が言ってたよ。殻に年輪があるんで分かるんだって」

と教えてくれたので、もしかしたら真珠が出るかもと、わくわくして註文を待った。

アワビとかホタテ貝は、貝の殻のかけらを巻き込んで成長するので、それが小さな真珠になったりする。今までホタテから真珠が出たのを三回見たことがあるが、不思議なことに三回とも女性のお客さんからの註文で、

「真珠が出るなんてすごいっ」

と大喜びだった。

その日、店を開けてすぐに若いカップルが来店。ネタケースの中を見て、

「これは何ですか？」

と女性が聞いた。あまり大きいのでホタテだと思わなかったらしい。

「ホタテ貝ですよ」

ケースから出して見せるとさっそく註文が来た。

「じゃあ、半分は握りにして、残りは焼いておつまみにしましょうか」

二代目が言い、ホタテ貝を開いて身を取り出し、厚い身の横に包丁を入れ半分に切った。それでも普通のホタテ貝の身と同じくらいの厚さがある。残りの半分は、ホタテ焼きにと厨房に回ってきた。

身とひもとワタは食べやすいように一口大に切ってある。ワタはオレンジ色で大きくて、食べでがありそうだ。ちなみに、オレンジ色のワタは雌で、白いワタは雄だという。これを殻に乗せて網焼きし、軽く火が通ったら、醤油と酒で味付けする。

調理に使うのは、土佐の宗田鰹節《そうだかつおぶし》を入れた瓶の中に、醤油と酒と昆布を入れて熟成させた自家製のだし醤油だ。時間がたつと濃いだしが出て、まろやかな味になり、納豆や冷ややっこにかけてもおいしい。玉子焼きの隠し味にも使うので、いつも厨房においてある。

しばらくしていい香りのホタテ焼きが出来上がり、カップルにお出ししたとき、常連の上山《かみやま》さんがみえてカウンターに座った。貝が好きな上山さんはネタケースを見て、

「すごいホタテですねえ」

と目を丸くしている。

「お勧めしたいけど、一人で食べるには大きすぎますよね」

二代目が言うと、

「そうですねえ。どうしようかな……」

迷っているうちにほかのお客さんから註文が来て、ホタテは売り切れてしまった。

なくなると食べたくなるのが人情で、

「ああ、やっぱりホタテ、食べればよかった」

上山さんは残念そうだった。

「また、探してきますよ」

二代目が言うと、

「入ったら電話ください」

真剣な顔で言った。

店を閉めてから、

「あのホタテ貝の仕入れ値はいくらだったの？」

と聞いたら、一枚八百五十円だという。普通のホタテ貝は三百円くらいだから、倍以上するが、つまみと寿司にすれば二度楽しめるから、お得のような気がする。

ホタテの寿司は塩とスダチを乗せてお出ししたら、女性のお客さんが、

「甘くておいしいっ」

と喜んでくれた。残念ながら、その日のホタテから真珠は出てこなかった。

シンコ・ロボットがあったら？

毎年、ゴールデンウィークが終わると、

「シンコは、いつごろ入りそうですか？」

という問い合わせが来る、超人気ネタだ。シンコというのはコハダの稚魚で、出始めはメダカくらいの大きさしかない。初シンコの出場《でば》（獲れた場所）は毎年、静岡県《しずおか》の舞阪《まいさか》だ。ここのシンコがいちばん早く出るが、値段も高い。令和元年の初シンコが出たのは六月十三日、豊洲市場全体で一キロしか入荷しなかったというから、仲買にまわってくるのはほんのわずかだが、うちの分は百グラム、キープしておいてくれた。

考えてみたら、東京の寿司屋の中でシンコが入ったのは十軒くらい。その日は五匹つけだったから、シンコを食べた人は東京中で百人くらいだろう。初物の好きな人が、

「シンコが入ったらすぐに連絡してください」

と言うのも無理はない。最近はみんな、シンコの握りをスマホで撮影してから食べる。シンコ百グラムは約五十四。体長は五センチほどだから、仕込みに手がかかる。それに今年は、夫が亡くなって初めてのシンコの仕込みだ。

「数が多いから大変よね」

「いや、こういう細かい仕事は好きなんだ。これだけをずっとやってても、飽きないよ」

二代目はすましている。そういえば、夫もシンコの仕込みのときは、淡々とこなしていた。

昔は仕込みをしながら店をやり、出前もやっていたので、この時期は休む暇もなく、朝ご飯が夕方になることもあった。ピークのときは、食べずにそのまま夜の営業に突入。お客さんからお酒を勧められると、

「いただきますっ」

すきっ腹で飲み、夜中まで営業ということも多かった。翌日は、朝早く仕入れに行くのだから、よく体を壊さなかったものだ。そんなことを思い出しながら二代目のシンコの仕込みを見ていた。小指ほどの大きさのシンコの腹を開き、氷水が入ったボウ

ルにぽんぽんっと入れていく。包丁は、先代から受けついだ小さい出刃を使ってい
る。
「新小岩の大将に習ったやり方は、お父さんと違うの？」
と聞いてみたら、
「基本は同じだよ。開いたら、濃いめの塩水につけてしばらく置く。それからシンコ
に触ってみて、塩が染みたかなというところでざるに上げ、水を切って酢につけるん
だ。つける時間は、小さいのだったら三分くらいかな。でも自分の感覚だね。触って
みて、身が締まったというときにさっと引き上げるんだ」
漬け酢を作るのは私の担当で、鍋に酢を入れて沸騰する直前で火から下ろす。冷ま
してから昆布をひとかけら入れ、夕方までおいておく。こうすると昆布の味が出て、
まろやかな漬け酢になる。
以前は酢を煮立てるとき、いっしょに昆布を入れたのだが、冷ましてから入れたほ
うが、おいしくなるとテレビの料理番組で見たので、最近はこうしている。昆布のう
ま味が濃くなるので、新しい情報を仕入れるのは大切だ。
ようやく出来上がると、二代目は丸いざるの内側に、うろこのようにシンコを一枚
ずつ張り付けていく。

「これは新小岩の大将から教わったんだ。こうするとシンコのサイズも分かるし、きれいだからね」

確かに四角いざるに重ねて並べるより、大きさがひと目で分かるが、並べるのに二、三十分かかる。これだけが夫と違う手法だ。

初シンコが出てからひと月経つと、五匹つけから、三匹つけ、二匹つけぐらいになってくる。でもそんなときに、突然、小さいシンコが入ってくることがある。

「今日のシンコは、すごく小さいよ。これは四枚つけだな」

「出場は？」

「熊本県の天草だって。値段は最初のときの十分の一だ」

獲れる場所や時期によって、値段もだんだん安くなる。でも味は変わらないから、問い合わせが来ると、

「七月に入ってからのほうがいいですよ」

と言うことにしている。

ざるに張り付けたシンコをお客さんに見せると、

「なんですか、これ？」

「シンコです」

「すごいですねえ」

目を丸くして、スマホで写していく人も多い。

先日、常連の高間さんがおもしろい質問をした。

「例えば、シンコをきちんと開いてくれるシンコ・ロボットが発明されたら使いますか？　寿司ロボットがあるんだから、あってもいいと思うんだけど」

高間さんは食品会社の副社長なので、聞くことが専門的だ。

「いや、使いませんね。一匹ずつ手間をかけて作るからシンコなので、機械でやったらお客さんに胸を張って出せないです」

それを聞いて、夫も同じように答えただろうなと思った。

「なるほど。やっぱり職人さんはそうなんですね」

高間さんはシンコをぱくりと食べ、

「うまいなあ。これを食べると夏が来たなと思いますよ」

と言うと、隣にいる奥さんも、きれいな笑顔でうなずいてくれた。

ちょっとおしゃれなアワビのおつまみ

アワビは貝の王様と言われ、仕入れ値が高い。うちで仕入れる黒アワビは中くらいの大きさで一個五千円くらいするので、仕込みのときは傷つけないように慎重に扱い、肝も大事に取っておく。

アワビは生で食べることが多いが、蒸しアワビにすることもある。夫は蒸しアワビが好きでよその寿司屋に行っても、よく註文していた。生だと固いアワビも、蒸すと柔らかくなり、うま味が増す。

作り方は大きめの鉢に酒と水を半々に入れ昆布をひとかけらと、塩を少々。そこにアワビを入れる。そして温めておいた蒸し器に入れてじっくり蒸すのだ。

時間が経つと蒸し器の水が減って空焚きになったりするから、蒸し器に湯を足しながら二時間、ようやく蒸しアワビの完成だ。蒸しあがったアワビを取り出すと、鉢の中にアワビからエキスが染み出た濃い汁が残る。それを味見して、

「うまいっ。磯《いそ》の香りがする」

夫がよく言っていた。アワビが安いときは何個かまとめて蒸したりしたが、最近はあまりに高価なので、作らなくなってしまった。

せんだって、二代目がちょっとおしゃれなアワビのつまみを作った。

「玉ねぎのスライスを水にさらしてください」

と言われ、なんに使うんだろうと思いながら、玉ねぎを薄く切って水にさらした。

しばらくして、二代目が厨房にきて冷蔵庫からバターを取り出した。

「何を作るの？」と聞くと、

「アワビのうまい食べ方があるんだよ」

二代目の手元に、薄切りにしたアワビと緑色の肝がある。興味津々でみていると、肝をすり鉢で擂《す》ってペースト状にした。それからフライパンを熱して、バターをひとかけら落としたら、

「なんだかおいしそうな香りがするわね」

カウンターから常連さんの声が聞こえてきた。

「すみません、今おいしいつまみをお出ししますから」

二代目はそう言って、フライパンにアワビの薄切りを入れ、肝のペーストを絡めて

すぐに火を止め、醬油を鍋肌にほんの少し落とした。見ると、ベージュ色のアワビに緑色の肝が絡んで、バターと磯の香りが混ざった濃厚な香りが上がってくる。

「うわあ、すごい……」

「味見してみて」

小さい切れ端を差し出したので食べてみると、ちょっと柔らかくなったアワビに肝の濃厚な味が絡み、バターのうま味が加わって、フレンチと和食の中間というおいしさだ。

二代目は玉ねぎのスライスを添えた皿にアワビを形よく乗せ、

「アワビの肝和えバター焼きです。玉ねぎといっしょに召し上がってください」

常連さんにお出ししたら、

「おいしい！　これはワインに合うわね。白ワインください」

と言ってくれて、アワビのつまみの皿はすぐに空になった。それにしてもアワビを半分使った贅沢なつまみだ。お勘定はいくらになるんだろうと思ったが、二代目から渡されたお勘定は、いつもとあまり変わらなかった。

「仕入れが高いからって、そんなに多くいただけないよ」

「そうよね。お父さんも同じこと言ってたわ」

私が言うと、二代目が大きくうなずいた。

永久保存版のツメ

ツメというのはアナゴなどにつける甘いタレのことだ。アナゴを煮た汁を煮詰めて作るので、略してツメというようになった。これは寿司屋の宝なので、火事や地震のときは、持って逃げると夫がよく言っていた。出前をやっていたころ、

「アナゴの甘いタレがおいしいから、お金出すから分けてもらえないかしら」

と、出前先のお客さんに言われたことがある。もちろんお断りしたが、夫と、

「ツメを何に使おうと思ったのかしら？」

「さあなあ？」

と首をかしげたことがある。最近は出来合いのツメをインターネットで買えると聞くが、そういうものを使うわけにはいかない。

ツメの在庫が心細くなってくると、

（いつツメを煮るのかしら？）

と気にかかって仕方ない。アナゴや煮アサリ、煮蛤に塗るツメがなかったらえらいことだ。今のツメは夫が作ったもので、ずっとそれを使い続けてきたのだが、もう残り少ない。

「そろそろツメを煮ないといけないわね」

と言うと、

「じゃあ木曜日にやりましょう」

二代目が言ったので、そう決まった。うちの店は木曜日が割合に暇で、その日は常連さん二名の予約が入っているだけだった。夕方から作り始めれば閉店時間までには完成する。

二代目がうちの店に来てから、自分でツメを煮るのは初めてなので、

「新小岩で煮たことあるの？」

と聞いたら、

「あるけど、味つけは違うよね」

と言う。店によってさらりとしたツメもあれば、水あめを入れてこってり甘めに仕上げる店もある。うちは、さらりとした部類だ。

木曜日の午前中に、冷凍庫にストックしておいたアナゴの煮汁を取り出した。これ

はアナゴを煮た後、鍋に残った煮汁を火にかけ二百ccくらいになるまで煮詰めたものだ。この煮汁を容器に入れて冷凍庫で凍らせておく。

冷凍庫から出した保存容器は二十個あり、煮汁はアナゴのゼラチン質で、コーヒーゼリーのようになっている。アナゴにはビタミンA、不飽和脂肪酸のEPA、DHA、カルシウムなどが含まれていて、鰻と同じように栄養価の高い魚だ。

夕方になって大鍋に入れて火にかけると、とろとろと溶け出して甘い香りが厨房に広がった。鍋一杯にある煮汁を三分の一くらいまでに煮詰めるのだから長丁場だ。それに、万が一焦がしたら使えないから、二代目と私が交代で見ることにした。

煮汁が溶けてあくが浮かんできたら丁寧に取る。何度も繰り返しているうちに、煮汁の量が減って色が濃くなってくる。ここからは焦げやすくなるから、木のしゃもじで鍋の底をそっとかき混ぜる。

私はツメを煮るのを見るのが好きで、いつも夫のそばで見学していた。ときどき交代して私がかき混ぜ、夫は一休みということもあったから、作り方は記憶している。難しくはないが緊張する仕事だ。

あくを取ったらザラメ八百g、白砂糖五百g、みりん二百二十cc、酒四百ccを入れて、またひたすら煮続ける。

煮始めて二時間たったころ、予約のお客さんが見えたので、二代目はつけ場に入った。私はお酒を運んだり、蛤を焼いたりしながらツメの状態を見ているから気が抜けない。二代目もときどき厨房にきて様子を見ていく。

お酒を運んでいくと、お客さんが、

「なんだかいい匂いがしますね」

「ええ、今アナゴにつけるツメを煮てるんですよ。出来上がるまで五時間くらいかかるんです」

と言うと、

「道理で、この匂いかいだらアナゴが食べたくなった。アナゴをつまみでください」

と註文が来た。

煮始めてから五時間過ぎた。お客さんが帰り、片付けが終わったとき、二代目が鍋にしゃもじを入れてツメを滴らせた。するとツーッときれいな線で、ツメが落ちていく。表面は漆のようにつやつやかだ。これで完成と思ったら、二代目がアナゴの握りがのった皿を持ってきて、できたて熱々のツメを塗った。味見のために用意しておいたらしい。さっそく食べてみると、甘くて深みのあるいい味に仕上がっている。できたてのツメでアナゴの寿司を食べるなんて初めてだ。

「いいツメができたわねえ。これならお父さんも満足してくれるでしょ」

「よかった……」

二代目はホッとした顔で言った。ツメが人肌くらいに冷めたら、パックに小分けして冷凍しておけば四、五年は使える。冷凍庫の奥を見たら、夫が最後に作ったツメのパックが一つだけ残っていた。それを見たら、ガス台の前に椅子を置いて、じっと鍋を見つめていた夫の後ろ姿が浮かんできた。出来上がった後で、

「おれがツメを煮るのはこれが最後だからな。あとは豊に任せる」

と夫が言うのを聞いて、なんだか寂しいなと思ったけれど、その言葉どおりになってしまった。

「人生最後の寿司を一貫選ぶとしたら、何にしますか？」

常連の野上さんが、連れの人にこんな質問することがある。

「大トロかなあ」

「私は塩水のウニ！」

「今食べた、トロ漬け炙り」

いろんな答えが返ってくる。野上さんは、キスの湯引きという渋い選択だ。

「おかみさんは？」と聞かれると、

「ツメをたっぷり塗った熱々のアナゴですね」

いつも答える。私の大好きなアナゴは夫の作ったツメの味だ。そんなことを考えたら、最後のツメを使ってしまうのが惜しくなり、パックに「お父さんのツメ。永久保存」と書いたシールを張って冷凍庫の奥深くしまった。

5　おかみさん、けっぱってけろ～

おいしいシャリを作るには

「このシャリ、おいしいですねえ。どこの米を使っているんですか?」

初めて見えたお客さんに聞かれた。

「ありがとうございます。これは富山のコシヒカリで、〈銀坊主一族〉の雅《みやび》という米なんですよ」

「そうか、だからうまいんだ。富山の米はいいですよ」

「東京ではあまりなじみがないお米なのに、よく知ってますねえ」

びっくりして言うと、

「彼はコンビニの食品仕入れ担当なんですよ。だから詳しいんです」

連れの人が教えてくれた。この大手コンビニでは、日本の米全体の四パーセントを消費しているというからすごい。

この米に決めるまではずいぶん試行錯誤した。始まりは二年前だ。その年の秋に新米が出てから、細かく水加減しながら炊いてきた。

「古米に新米が三割入ります」

米屋さんに言われると水の量を少し減らす。新米は水分が多いので、水を少なくしないと柔らかくなってしまうからだ。

年が明けた一月半ばに、今回からは全部新米ですという連絡が来たので、さらに水を控えめにして炊いたが、釜のふたをとると表面が水っぽい。長年、シャリ炊きをしているから、ひと目見れば出来具合が分かる。おかしいなと思いながらしゃもじを入れると、やはりべたっとしている。これでは使えないので、水を減らして炊きなおした。それでも、

「ちょっと、柔らかいかな？」

二代目が首をかしげたので、

「新米が入ったから仕方ないのよ」

いいわけみたいに言った。

翌朝、朝ご飯に炊いてみると、やはりべたついているし、うま味がない。すぐに米屋さんに電話して、

「なんだか水っぽくて使いづらいんですけど」

と言うと、別の米を持ってきてくれた。炊いてみたら、べたつきは少ないが、新米が出る前に使っていた米と比べると味が落ちる。しばらく使ってみたが、常連さんに、

「あれ、シャリがいつもと違いますね。お米が変わりました？」

「シャリが柔らかいみたい」

と言われてしまった。

二代目も、

「今年の新米はいまいちだねえ。握りづらいよ」

渋い顔で言うから、私は頭を抱えた。

寿司は一シャリ、二ネタと昔から言われてきた。いくらいいネタを使っても、シャリが悪かったらネタが生きない。ベストなシャリは適度な粘り気と張りがあって、ほぐれやすく、口の中でほど良く溶ける。それがネタと混ざって、

「うまいなあ……」

と言ってもらえる寿司になる。そういうシャリは握りやすくて、海苔巻きもさっと巻ける。今まではそうだったのに、今度の新米は、どんなに手を尽くしてもおいしくならない。これは米の質の問題だと思い、米屋さんに電話して、

「元の古米に戻してもらえますか」

と頼んだが、もう古米のストックはないという。ということは、次の新米が出るまでこれを使い続けることになる。それは嫌だ。こうなったら、いい米を自分で探すしかない。

さっそくインターネットで、寿司米に強い米屋さんを検索してみると、千代田《ちよだ》区にある「米マイスター麹町《こうじまち》」という店を見つけた。寿司屋のニーズが多い店で、そこの寿司に合うように米をブレンドしてくれるという。

電話すると、見本を数種類送りますと言ってくれた。サンプルは無料で、送料だけ負担というから良心的だ。翌日届いた袋に「銀坊主一族」というユニークな名前が書いてあって、米粒はやや小さめだ。雅、扇、舞、穂宝と四種類があり、値段が少しずつ違う。炊いてみると、いちばん値段の高い雅がうちに合うようだ。しかし、今までの米と同じように炊くと、ちょっとべたつく。そこでまた考えた。

この米は、前に使っていた米よりも粒が小さいから、水分を吸収するのが早いのかもしれない。それまでの米は炊く三十分前に研いでざるに上げておいたが、雅は十五分前に研ぎ、スプーン一杯ほど水を少なめにしてみた。

炊く道具は伊賀焼《いがやき》のどっしりした土釜だ。五合の米だと強火で十分、沸騰したら、釜の中で米粒が躍る音に三十秒耳をかたむけ、それから弱火にする。弱火にして十分したら、一瞬強火にして、残った水分を飛ばしてから火を消す。十分間蒸らしてふたをとると、表面がピカピカに光った、すばらしいご飯が炊けていた。しゃもじを入れるとさくっと入り、米粒がしゃもじにくっつかない。

飯切りにあけた真っ白なご飯に合わせ酢をかけて、しゃもじで素早く混ぜ合わせる。ぐずぐずしているとご飯が冷めて、酢が染み込まなくなるので待った無しだ。

しゃもじの先でご飯に酢をなじませて平らにならし、大きな団扇であおぐと、白い粒がつやを増していく。あおぐのは、冷ますためというよりも、粗熱を取って照りを出すためだ。少しあおいでから味見したら、これぞ寿司飯といううまさと舌触りだ。

「今回は自信あります！」

おひつを渡すと、二代目がシャリに触って、

「うん、いいシャリだね！」

嬉しそうに言った。

いい米に出会えてよかったと思いながら飯切りを洗っていたら、若いころの失敗を思い出した。

当時は昼の営業をしていたし出前もあったから、シャリは二升ずつガス炊飯器で炊いていた。その日の昼、シャリが出来上がってすぐに若いサラリーマンが二人来店し

た。註文は並ちらしで、確かそのころ五百円だった。夫はふんわりしたシャリをたっぷり器に入れ、マグロの赤身、タコ、イカ、コハダ、玉子焼き、かまぼこ、おぼろなどを彩りよく乗せた。

　ちらし寿司を運ぶと、お客さんはかきこむように食べ、

「ごちそうさまっ」

　時間に追われてるらしく、あわただしく帰った。テーブルを片付けていると、

「おい、このシャリ、なんかおかしいぞ」

　夫がつけ場の中から声をかけた。

「えっ？」

　ドキッとしてシャリをつまむと、なんだかぼやけた味がした。でも、ちゃんと炊きあがってるし、米もつやつやしている。どうしたんだろうと思ったら、

「これ、塩が入ってないんじゃないか？」

　言われて塩の入れ物を確かめると、中身が減ってない。二升のシャリに対して合わせ酢には六十gの塩を入れるから減り具合はひと目で分かる。

「うわっ、どうしようっ」

　何というミスをしたのかと、身をすくめたら、

「さっきのお客さんに、中途半端な味のシャリを出しちゃったなあ。今度来たら、なにかサービスしよう」

夫が言ったが、ちらし寿司のお客さんは、それっきり姿を見せなかった。使わなかったシャリは、もったいないのでお稲荷さんにして食べたが、稲荷揚げの濃い味に塩の入ってないシャリが負けて、白飯のお稲荷さんのようだった。塩が入らないと、こんなにぼやけた味になるのだと思い、合わせ酢の分量に細心の注意をするようになった。

「米マイスター」のオーナーは、

「冬になったら、米が乾燥するから、米を研ぐときはボウルに水を張ってそこに米をそっと入れて研いでください。乾燥すると米が割れやすくなり、水道から直接水を当てると割れてしまいます。それから、冬は米をざるに上げず、水に一時間浸してから炊いたほうがいいですよ」

と、教えてくれた。冬になってからその炊き方を試したら、

「今日のシャリ、抜群だね」

二代目が言った。オーナーは取引先の寿司屋さんと、炊き方の情報交換をして研究しているという。銀坊主一族は一年中同じ状態で出せるように、厳しく倉庫の温度と湿度を管理しているそうなので、機会があったら見学に行かせてもらおうかと思っている。

超絶！　あん肝の煮つけ

あん肝というと、冬の寒い時季のものというイメージがある。うちの店でも十二月になると、いきのいいのを仕入れてきて、アルミホイルにくるみ、ソーセージのように丸めて蒸し器に入れて蒸し、冷蔵庫で冷やしてしっかり固める。それを輪切りにして、ポン酢と紅葉おろしを添えてお出しする、冬の人気つまみの一つだが、今年は桜の時季にあん肝が入った。

この時季に？　と思ったら、北海道の余市《よいち》で獲れたものだという。あんこうというと茨城のものと思いがちだが、北海道でもいいのが獲れるそうだ。

「これを煮つけにするとすごくうまいって魚河岸で聞いたから、煮汁を作ってもらいたいんだけど」

「煮つけに？」

「濃いめの煮汁に生姜を入れて、あん肝を二十分くらい煮るんだって」

二代目に言われ、さっそく煮汁作りに取り掛かった。沸騰したお湯に鰹節をたっぷり入れて火を止める。それから鰹節を濾し、砂糖、濃い口醤油、生姜を二、三切れ入れて煮立て、最後にザラメを入れて味を調える。関東風のこってり濃い煮汁だ。

ちなみに、関西の人はこの濃い味が苦手らしく、大阪出身の常連さんに、鯛のかぶと煮を作ってお出ししたら、

「ちょっと濃すぎるなあ」

と言われたことがある。東京で育った私は、薄味の鯛の煮物なんておいしくないと思うのだが、関西の人は濃い味つけが口に合わないらしい。うちの店は関西出身のお客さんが多いので、あん肝の煮つけは大丈夫かなと、ちょっと心配になった。

二代目は、あん肝の筋と汚れを取り、塩と酒を振ってざるに入れ、タイマーをかけた。塩の浸透圧で水分をとり、酒で臭みを抜くという。二十五分経ったら、水洗いだ。

コハダやサバも骨を取って開いてから、塩を振って身を締める。そうしないと酢につけても、ぶよぶよの仕上がりになるが、これも同じようなものらしい。きれいに洗ったあん肝をさわってみると、さっきより身が締まり、色も白っぽくなっている。なるほど、柔らかいままだったら煮崩れしてしまうかもしれない。やはり下ごしら

えは大事だと思いながら、煮汁の入った鍋に入れようとしたら、

「まだ駄目だよっ」

ストップがかかった。煮つけのあん肝は簡単そうだと思ったらとんでもなかった。このあと下茹《したゆ》でするというから、ポン酢で食べるより手間がかかる。

言われたとおり、鍋に湯を沸かし、あん肝を入れてしばらくしてから取り出すと、オレンジ色になった。それを煮汁に入れて中火で二十五分煮る。煮ていると、アナゴよりも濃い、まったりした香りが漂う。この香りをかいだら、外を通りがかった人はたまらないだろう。しかもちょうど昼時だ。

煮あがるとふっくらと固まり、表面に大理石のような模様が出てきた。

「いいのができたわよ」

と言うと、二代目はあん肝の端っこを少し口に入れ、

「うわ、うまい！」

私も小さいかけらを食べてみたら、ポン酢で食べるのとは違う、濃厚な味がする。うま味が詰まっていて、濃い汁で煮た割にくどくない。生姜の香りがほのかにして、上等のフォアグラのような味わいだ。

「おいしいわねえ」

感心して言うと、

「よかった。これ高いんだ」

今日仕入れたあん肝は五百グラム五千円だが、真冬の最盛期は倍の値段だという。うっかり焦がしたらえらい損害だから、気をつけなくちゃと思った。

その日、最初に見えたのは常連の秦《はた》さんだったので、さっそくお出しした。小鉢の中に一センチくらいの厚さに切ったあん肝をふたきれ入れて、小ねぎを散らし、煮汁を少しかける。

「なんですか、これは?」

「あん肝の煮つけです」

「ほお、珍しい……」

秦さんはあん肝を少し崩し、煮汁をつけて口に入れ、

「これはうまい!」

「よかった。これ初めて作ったんです」

二代目が嬉しそうに言った。

「いいつまみになりますよ」

そう言って日本酒のお代わりを註文した。そのあと、関西出身のご夫婦が見えたので、どうかなと思いながらお出ししたら、ご主人が、

「あん肝か。うまいなあ」

「私は、苦手なんですけど」

奥さんは言いながら一口食べて、

「おいしいっ。これなら食べられます。おつゆも、生姜の香りがしておいしいから飲んでもいいですか」

「もちろんです」

と言うと、二人ともきれいに飲んでくれた。

「味が濃くないですか？」

念のため聞いてみたら、

「いや、あん肝には、そんなに味が染み込んでないからいけるわ。ポン酢で食べるよりうまい」

「いい味です」

と言ってくれたので安心した。それから、いいあん肝があると仕入れるようになった。ときどきお客さんに、

「あん肝の汁を、白いご飯にかけて食べたいくらいおいしいです。味つけにこつがあるんですか？」

などと聞かれるが、いいあん肝から染み出すうま味のおかげだから、

「普通の鰹節のだしですよ」

と答えている。

あら汁の作り方を教えてけろ

青森《あおもり》に住む古川さんというお客さんがいる。古川さんは調布市《ちょうふ》の消防大学校に研修に来ているときに、仲間と来店。それから親しくなり、メールをやり取りしている。

私は児童書も書いていて、「おしごとのおはなし」シリーズの『ひみつのとっくん』という、消防士がテーマの本を書いたときに、仕事のことをいろいろ教えてもらった。まったく畑違いの本だから、古川さんがいなかったら完成しなかっただろう。おかげで増刷になり、今は四刷になっている。

古川さんは、わらうと日焼けした顔に白い歯がきらりと光り、制服姿は、さぞ素敵だろうと思わせる五十代のイケメン消防士だけど、もうお孫さんがいる若いおじいちゃんだ。料理が得意で、ときどきメールでおいしそうな写真を送ってくれる。

なんで料理をするようになったのか聞いたら、消防士は署内で待機しているので、食事に出かけるわけにいかない。だから食事当番があり、交代でラーメンとかカレーを作る。そのときにまずいものを出すわけにいかないので、先輩に教わったりして料理を覚えたという。

ラーメンが出来上がって、さあ食べようというときに出動命令が来ると、食べそこなったラーメンは、署内に残った後輩が食べることになっているそうだ。

そんな古川さんから、

「釣り好きな後輩が大きな鯛を釣ってきたので、おかみさんのあら汁の作り方を教えてけろ。最近の若い者は魚もおろせないから、おらがやるだよ」

というメールが来た。古川家のあら汁は、魚のほかに芋とかニンジンなどを入れ、酒かすを加えた北海道風のものだという。栄養満点ですごくおいしそうなので、シンプルなあら汁よりこのほうがいいのではと思ったが、ご要望に応えてうちのあら汁の作り方を書いて送った。

まず鯛のあらを食べやすいように一口大に切る。鯛は骨が硬いので出刃包丁で叩き切ること。一口大に切ったらざるに入れ、上から熱湯をかけて、皮にうろこが残っていたら流水で洗い流し、血合いの部分もきれいにとる。

鍋に人数分くらいの分量の水を張り、そこにあらを入れ、沸騰したら浮いてきたあくを丁寧にとる。このとき、ステンレスのこし器の中に、鰹節をひとつかみ入れてあくをすくうとよく取れるし、だしも出るので一石二鳥だ。

汁が澄んできたら火を弱め、味噌を溶かし入れ、最後に塩をひとつまみ入れると味が締まる。出来上がったらお椀によそって、ザク切りにした長ねぎを散らす。あら汁には万能ねぎより長ねぎのほうが香りと歯ごたえがあっておいしい。これに、好みで七味唐辛子をかければ、おいしいあら汁が食べられる。

こんな風に書いて送ったら、

「さっそく作ります！」

という返信が来た。鯛のあらを汁物にするのは分かったが、身はどうするのだろうと思っていたら、

「おかみさーんありがとう。あら汁、まったく臭みなく、おいしくできました。今日は十四人分の料理です。あら汁は塩コショウバージョンも作り、みんなおかわりしてましたよ。刺身は昆布締め、カルパッチョは鯛を酢で締めてから、ドレッシング、野菜と和えました。今日の手作りの味、みんなが感動してましたよ」

というメールがきた。塩コショウバージョンというのが、酒かすを使った古川家のあら汁だという。

添付してある写真を見たら、刺身もカルパッチョもきれいに盛り付けしてあり、野

菜も色鮮やかでプロの料理のようだ。新鮮な鯛のカルパッチョは、白ワインに合いそうだし、昆布締めは辛口の日本酒にいい。これをつまみにして、締めにあら汁なんて酒飲みには最高だと思うが、あいにく古川さんは下戸だ。でも料理の好きな人は、

「おいしいっ」

と、みんなに言ってもらうのが、なにより嬉しいらしい。はずむような文面を見たら、古川さんの爽やかな笑顔が浮かんできたから、メールは保存しておくことにした。

「おかみさんいつまでもけっぱって（頑張って）けろやあ〜」という追伸があったので、

「見事な料理にびっくりしました。すごくおいしそう。古川シェフもけっぱってけろ！」

と返信した。

海苔巻き担当に復帰しました

夫と二人で店をやっていたとき、私は海苔巻きの担当だった。つけ場の中に立ち、

「かんぴょう巻き、さび入りで」

などと註文が来ると、さっと巻いてお出しした。かんぴょう巻きは四つ切りにするが、ひと切れが大きいので、女性のお客さんは食べづらそうに二口で食べている。これはあまり見た目がよくない。

「なんでかんぴょう巻きだけ四つ切りなの？」

夫に聞いたら、

「昔からそう言われている」

と言うだけで特に決まりはないらしい。そこで、女性には六つ切りでお出ししたら、

「このほうが食べやすいです」

と喜ばれたので、ほかの海苔巻きと同じように、六つ切りにするようになった。

四つ切りのわけを調べてみたら、昔は巻きものと言ったらかんぴょう巻きしかなくて、四つに切っていたのでその名残だという説や、六つ切りにして切り口を上に向けると色が地味で見栄えがしないからとか、折詰にするときに詰めやすいからなど、いろんな説があった。

かんぴょう巻きの形は、ほかの海苔巻きと違い、上部は丸く、下は直線で食パンのような形にするようにと教わった。こうすると寿司の出前の盛り込みのときに、握りの高さとかんぴょう巻きの高さが同じくらいになる。海苔巻きの基本は、かんぴょう巻きだと夫がよく言っていた。

初めてつけ場の中に立ったときは、緊張で手が震えた。でも慣れたら、お客さんと話しながら巻けるようになり、女性のお客さんからは、

「お母さん」

などと呼んでもらい、私の前の席を指定するお客さんも多かった。このまま海苔巻き担当のつもりでいたが、二代目が修業から帰ってきたら、

「今日からおまえは、厨房にいてくれ」

夫からあっさり言われ、お払い箱になった。

一人、厨房で洗い物をしていると、カウンターから楽しそうな笑い声が響いてくる。それを聞くと仲間外れになったような気がして、

（いったい私はなんなのよっ）

グラスを洗う手が荒っぽくなったりした。嫁いでから厨房に十年、若い衆が辞めてからは、つけ場で海苔巻き担当を二十年以上やり、やっと自分の立ち位置ができた。なのにまた厨房に戻される。行ったり来たりの寿司屋人生だ。

女房だから言われたとおりにやってきたが、若い衆だったらとっくに辞めていただろう。とはいっても、自分の息子が入ったのだから文句は言えない。海苔巻き担当から外されても、覚えた技術は忘れないようにと、自分の夜食用の納豆巻きや太巻きを、こつこつ巻いていた。

ある日、二代目が太巻きを巻くのを見て、私と巻き方が違うことに気づいた。私は海苔を巻きすに横長に置くが、二代目は縦長に置いている。そこにシャリを伸ばし、シャリの中央に半切りの海苔を敷き、その上に玉子焼き、きゅうり、シイタケ、かんぴょう、おぼろ、アナゴなどの具を置いて巻くから、太めでやや短い太巻きになる。私の巻き方だと細くて長めだ。

「豊の太巻きは、お父さんから習ったのと違うわね。どうしてかしら」

夫に聞くと、

「巻き方は師匠によって違うし、どれが正しいってわけじゃあないんだ」

とのことだったので、二代目の巻き方をまねてみた。海苔の大きさは同じだから、乗せるシャリの量も変わらない。巻きあがったのを切ってみると、しっかり巻けていて切り口も大きいから豪華な感じがする。

大きいが食べづらくはないし、お持ち帰り用の折箱にぴたっとはまるサイズだ。このほうがいいかもしれないと思い、太巻きはこの手法で巻くことにした。そして、カウンターが忙しくて手が回らないときは、

「私が巻きますから」

積極的に言い、出来上がった太巻きの折詰を夫に見せて、

「まだ腕は落ちてないわよね」

と確認すると、

「きちんと巻けてる。大丈夫だよ……」

なんだかすまなそうに夫が言った。今になって思うと、行ったり来たりの私を、気遣っていたのかもしれない。

そうこうしているうちに夫が亡くなり、私はまた海苔巻き担当に戻ったが、二代目

はつけ場の中は一人のほうが動きやすいと言うし、私もつけ場に立つ気になれなかった。一度、ためしに入ってみたが、お客さんの視線が気になって、どうにも落ち着かない。よくこの中で、お客さんの相手をしていたなと思った。約十年近いブランクは大きかった。

今は巻きす、海苔、わさび、手酢などが手元に置いてあり、厨房でいつでも巻けるようになっている。節分には、常連さんから恵方巻きの註文が十本もきた。うちの太巻きはかなり太いので、切らないまま食べるのは大変だと思うが、八十代の女性も丸かじりしたというからびっくりした。

せんだってとても贅沢な海苔巻きを巻いた。

トロ漬け炙りを食べていたお客さんが、

「これの海苔巻きはできますか?」と聞いた。

「できますよ。ちょっと時間ください」

二代目が言い、大トロを細めに切り、煮切り醬油に十分ほど漬けて、バーナーで周りを軽く炙り、

「お願いします」と私に渡した。熱々のトロ漬けの海苔巻きを巻くなんて初めてだ。

(うわっ、失敗したらどうしよう……)

一瞬思ったが、よしっ、巻いてみせようじゃないのと、度胸を決めた。そして、トロ漬けから染み出ている脂を晒《さら》しで軽く押さえておき、シャリはやや少なめで、真ん中に溝を深く掘った。

わさびをたっぷり乗せ、溝にトロ漬けを置くと、押さえたはずの脂がまたじわりと広がってきた。さすがは大トロだ。この脂が染み出すと、巻き上げたときに海苔の合わせ目が開いてしまうから、トロをシャリで押さえこみ、くるりと巻いた。

六つ切りにすると、トロ漬けが真ん中にぴたっと収まり、わさびの緑が際立つ美しい巻きものができた。早く食べないと脂が染み出すから、急いでお客さんにお出しすると、

「わあ、おいしいっ」

「意外にさっぱりしてますね」

と言う声がカウンターから聞こえてきた。ホッとして額に手をやると、汗が噴き出ている。こんなに緊張した海苔巻きは久しぶりだ。

さて、トロ漬け巻きはどんな味がするんだろうと、少し残ったトロ漬けを手巻きにしてみた。食べてみると、確かにおいしいけれど、巻きものにするには味が濃すぎる。普通のトロ巻きのほうがおいしいような気がした。二代目にトロ漬け巻きの値段を聞いたら、トロ巻きと同じだと教えてくれた。

6　おまえは、ほんとに寿司が好きだなぁ

マスター、どこに行っちゃったの？

夫が亡くなって十日ほどたった日曜日のことだ。常連の下田《しもだ》さんがゴルフ仲間四人と来店した。下田さんはうちのいちばん古いお客さんで、四十年以上通ってくれている。近所の食品卸売会社の元会長で、八十六歳。ゴルフもするし、お酒も飲む、元気一杯の方で、年齢を聞いた人が驚くくらい若々しい。

下田さんには、夫が亡くなったことは、まだお話ししていなかった。下田さんは夫がいないことに気づかないみたいで、楽しそうに仲間の人と話しているから、帰り際に言おうと思っていた。二代目も何も言わずにつまみを作っている。

だいぶたってから、下田さんが、

「ねえ、マスター、お客ほっぽり出して、どこに行っちゃったの？」

けげんそうに聞いた。下田さんは夫をマスターと呼んでいる。

「えっ？」

「さっき厨房に行ったっきり、出てこないじゃない」

おかしなことを言うなと思いながら、

「実は、夫は十日前に亡くなったんです……」

と言うと、

「うそっ、だって僕が入ってきたときにいたよ。僕の顔見て、『いらっしゃいっ』って言ったし、目が合ったよ」

下田さんは真剣な顔だ。

「それは息子です。よく似てますから」

二代目を指さして言うと、

「いや、二人並んで立ってたよ。それからすぐ、マスターが厨房のほうに行っちゃったから、どうしたのかなと思ってたんだ」

すると、連れの人が、

「僕たちが入ってきたときは、ほんとに若大将しかいなかったですよ」

と言い、ほかのメンバーもうなずいている。

「いや、にこにこしながら立ってたんだ。ほんとだよ、見間違いじゃないよ」

そこで、この一年間入退院を繰り返していたことをお話ししたら、病気のことは知

らずにいた下田さんは、

「そうだったのか……。あー、やだやだ、帰ろう。お勘定して」

と言って帰ってしまった。その翌日、息子さん夫婦と改めてお悔やみに来てくれて、

「確かにマスターがいたんだよ」

すると息子さんが、

「きっと親父《おやじ》には、見えたんだと思いますよ」

目を潤ませて言った。下田さんと夫は気が合って、よく野球や相撲の話をしていた。下田さんは会社の帰りに店に来て、いつもの席で一杯飲みながら相撲中継を見て帰宅する。プロ野球が開幕すると、巨人ファンの下田さんと中日ファンの夫が、

「今年は巨人が優勝だな」

「いや、落合《おちあい》監督ですから、うちがいただきでしょう」

と言い合っていた。夫は大好きだった常連さんに、別れの挨拶がしたくて姿を見せたのかもしれない。

不思議なことはほかにもあった。亡くなって数日後、常連のお客さんから電話があった。

「あのう、大将はお元気ですか？」

と聞かれたので、亡くなったことを話すと、

「そうですか。実はね、妻が『名登利寿司の大将が気になってしょうがないから、電話してみて』って言うんで」

その人には病気のことも話してあり、夫が一時退院して、仕事に復帰したときに来てくれて、

「大将、元気になってよかった」

と喜んでくれていた。それからしばらく見えなかったのだが、突然そんな電話が来たのでびっくりした。奥さんは霊感のある人で、

「今日は○×さんに会いそうな気がする」

と言うと、本当に会ったりするそうだ。その電話の後、ご家族でお悔やみに来てくれた。

大将の声が聞こえたという常連さんもいる。いつも来てくれるご夫婦が、

「お酒ください」

と言ってから、奥さんがはっとした顔であたりを見回した。どうしたのかなと思ったら、

「今、大将の声が聞こえたんです」

「え？」

「私がお酒くださいって言ったら、大将の『お酒だよっ』っていう、いつもの声がしたんです」

ご主人は聞こえなかったというが、奥さんには夫の声が響いたらしい。帰り際にも、

「ほんとに聞こえたんですよ」

涙ぐみながら言っていた。


つい最近、こんなことがあった。近所に住んでいた山田さんから、二名で予約の電話がきた。山田さんは数年前に引っ越したのだが、近所にいるときはご夫婦でよく来てくれていた。引っ越してからもときどき顔を見せてくれていたのだが、ここ二年くらいごぶさただった。ご主人は八十代半ば、奥さんは十歳くらい年下だ。

（お父さんが亡くなったこと知らないはずだから、びっくりするだろうな……）

と思いながら山田さんを待っていると、六時に奥さんと息子さんがみえた。

「あら、ご主人は？」

私が聞くと、

「実はおととい亡くなったのよ。前の晩まで元気で、朝起きたら息をしてなくて……」

葬儀はこれからで、いろんな手続きのために息子さんと飛び回っているという。驚いてお悔やみを言うと、今度は奥さんが、

「大将はどうしたの？」

つけ場の中を見て聞いた。

「実はうちも亡くなったんです」

「ええっ、いつ？」

「一年半前です」

「知らなかったわ、大将亡くなったの。寂しいわねえ」

「お互いに寂しいですね」

顔を見合わせて、溜息をついた。山田さんはそれから、ご主人が好きだったタコやコハダ、マグロの刺身を註文し、

「ここに来られてよかった。主人が喜んでいるわ。このお店が大好きだったから」

と言い、父親似の息子さんもうなずいている。

「よく店に来ていただきましたものね。出前も取っていただいたし」

と言うと、

「大将が、いつも配達してくれたわ。明るくてさっぱりしたいい男だったね。今ごろ、うちの人と大将、天国で会ってるんじゃないの」

「山田さん、お久しぶりですなんて、言ってるかもしれないですね」

夫がバイクで配達していたのを知っている人は少ない。もう二十年以上前になるから、山田さんとは長い付き合いだ。奥さんは、

「主人が好きだった、かんぴょう巻きとかっぱ巻きを持ち帰って、お供えしたいんだけど」

と言ったので、心を込めて巻かせてもらった。海苔巻きを折箱に詰めたら、山田さんのやさしい笑顔が浮かんできて、目の奥が熱くなった。奥さんは帰るときに私をハグして、

「おかみさん、一人になってもがんばろうね」

声をつまらせて言った。

苦かったぶどうパン

何度目かの入院のとき、

「おまえには迷惑かけたなあ……」

病室で夫がぽつりと言ったので、

「なに言ってるの。私が病気だったら、あなただって同じようにしてくれるでしょ」

できるだけ明るく答えたら、

「いや、そうじゃなくて、若いころ、おれの親のことで、おまえにはずいぶん苦労させたなと思ってさ」

思いがけない言葉に、私は口ごもった。両親を見送ってから、そんなことを言われたのは初めてだ。

「かばってやれなくて、すまなかったな」

かすれ声で言う夫の目が、潤んでいるように見えた。そこに、

とを口に出さなかった。


「佐川さん、検温です」

看護師さんが入ってきたので話は終わった。そのあと、亡くなるまで夫は両親のことを口に出さなかった。


寿司屋を開店した昭和四十八年、夫の両親はまだ六十代になったばかりだった。開店資金は、夫が修業中に貯めた百万円と両親の貯金三百万、あとは銀行からの借金だったという。もし寿司屋がうまくいかなかったら、二人で靴の行商でもして暮らそうと話していたそうだから、まさに背水の陣だ。


戦後間もなくから、この町の商店街で靴屋をやり、舅《しゅうと》は町内会の役員もしていたので顔が広い。そんな関係で、近所の人が出前を取ってくれたり、店に食べに来たりしてくれたので、靴の行商はしないで済んだそうだ。そのためか、夫は若いころ、

「おれは親父の七光りで商売をしている」

と口癖のように言っていた。

私が嫁いできたのは、開店して一年半後だった。商家の嫁は即戦力である。新婚旅行の翌日から、私は店に出た。朝から晩まで立ち通しだから、足がむくんで丸太のようになり、最初は本当に辛かったが、若かったせいか、ひと月したら平気になった。

夫は店を軌道に乗せるのに必死で、新婚夫婦らしい会話などほとんどなく、たまに口を開くと、

「サンダルを引きずって歩くなっ」

「もっと大きい声で『いらっしゃいませ』って言えないかなあ」

「おまえは笑顔が足りない」

と、きつい言葉ばかりが飛んでくる。新婚だからといって、若い衆や親の前で、甘い顔を見せてはいけないと思っていたのかもしれない。唯一ほめられたのは出前の電話の応答で、それは銀行に入るときに、新人研修で叩きこまれたおかげだった。

いくらか仕事に慣れたころ、私は長男を身ごもった。つわりで何も食べられない日が続いたが、姑は、

「つわりは病気じゃないから」

と言い、具合が悪くて起きられずにいる私の枕元を、足音も荒く歩き回る。休んでなどいられなかった。

家計は両親が管理していて、食事の献立はすべて二人が決め、折り込み広告で安いものを見つけては、遠くのスーパーに買い出しに行く。食べたいものがあっても、自分だけ食べるわけにはいかない生活だ。

ようやく、つわりがおさまったころのことだ。近所のパン屋に、焼きたてのぶどうパンが並んでいた。焼きたてのパンなんて、嫁いでから口にしてなかったから無性に食べたくなり、いくつか買い込んで、誰もいないところでむさぼるように食べた。あおいしかったと一息ついたとたん、気持ちが悪くなり、食べたものを全部戻してしまった。

そのあとで、ひどく惨めな気持ちになった。実家にいるときは、母が私の好きなものをこしらえてくれて、母の作ったお弁当を持って会社に行った。会社の帰りには、友人たちと、おいしいものを食べ歩きしていた私が、隠れてぶどうパンを食べている……。商家の嫁ってなんて辛いんだろうと思ったら、涙がぽとぽと、エプロンに落ちた。

逆に夫の両親からしたら、サラリーマン家庭でのんきに暮らしていたらしい嫁だからこそ、商家の人間としてきちっとしつけなければと思っていたのだろう。ご飯のよそい方から、雑巾の絞り方、近所の人への挨拶まで、口うるさく言う。手が空いたときに、厨房で新聞を読んでいたら、

「飲食店の女房が、新聞なんか読んでるんじゃない。そんな暇があったら、鍋の底でも磨けって」

と舅に言われ、慌てて新聞をたたんだ。姑は大根のしっぽをゴミ箱から拾い出し、

「もったいない。まだ使えるでしょ」

と言う。二人がかりの小言だからたまらない。

そんな中で長男を出産し、産後二十一日たって実家から戻ると、

「天ぷら屋さんのお嫁さんは実家に帰らないで、産んでから十日目には、お店の前を掃除してたわよ」

開口一番、言われた。

「はあ、そうなんですか」

嫌味とは思わずにあいづちを打つと、姑はしらけた顔になり、

「赤ちゃんの面倒は私たちが見るから、あなたは仕事をしてね」

子供を抱き取って、代わりにエプロンを差し出した。

若い母親にとって、初めての子供は、宝のようなものだ。一日中そばにいて顔を見ていたい、抱いていたいと思うのが本能だろう。しかし、そんなことは許されなかった。

「この子はおまえの子じゃない。うちの大事な跡取りだからな」

舅が宣言し、二人がつきっきりで見ている。私が抱けるのは授乳のときだけだ。そ

れも、

「芳枝さん、おっぱいみたいよ」

姑から声がかかって、ようやく子供のそばに行ける。そのわずかな時間も、両親は子供のそばを離れない。私は胸を見られるのが嫌で、タオルで胸元を隠しながら授乳した。そんなストレスのせいか、あふれるほど出ていた母乳は、三ヵ月足らずで止まってしまった。

店が休みの日には、舅の車で親戚の家に行くことが多かった。夫はそのころ麻雀《マージャン》にこっていて、休みの日は同業者と麻雀で、帰ってくるのは夜中だ。なのになぜ、私が舅の親戚の家に行かなくてはならないのか疑問だったが、行きたくありませんとは言えなかった。

親戚の家に行くときは寿司海苔が百枚入った袋や、マグロの中トロの柵を手土産にする。日ごろは吝嗇《りんしょく》な舅だが、自分の親戚には、商売ものを当たり前のように持っていく。公私混同じゃないかと思ったが、夫は麻雀で頭が一杯だったのか、親に文句は言えなかったのか、見ないふりだ。

車に乗ると、私は後部座席で一人、手持ちぶさたに座り、助手席の姑が子供を抱いている。

「ほーら、電車が通るよ」

「おお、笑った、笑った。豊は電車が好きだなあ」

二人が楽しそうにあやしているのを見て、

(私は無給のお手伝いさんみたいだ……)

と胸の中でつぶやいた。そんなことが続くうち、たまらなくなって、

「休みの日くらい、うちにいてくれない？」

夫に頼んだら、

「おれが抜けたらメンバーが足りなくなって、麻雀ができないだろ。親父たちは、孫がかわいくてしょうがないんだから、どこでも連れてってもらえばいいじゃないかっ。なに文句言ってんだ」

すごい剣幕で怒られた。私たちのいさかいは、両親のことがほとんどだった。

そのころ紙おむつが出ていたが、高価だったから高嶺《たかね》の花で、舅の親戚からもらった古いおしめを使い、夜中に洗う。店にお客さんがいるときに、汚れ物を洗うわけにはいかないからだ。

おしめを下洗いして、洗濯機を回すと深夜二時だ。それから物干しに干す。そのころの東京は今よりずっと寒かったので、真冬はおしめが凍り、手はヒビとアカギレだ

らけになった。朝になってから干せばいいのにと思うかもしれないが、朝は忙しくて、物干し台に行く暇などなかったのだ。

それでも姑は、洗濯機を使うことが横着と思ったのか、

「最近、洗剤の減りが早いわね。おしめは手洗いで、洗剤は少しでいいのよ。赤ん坊のおしめなんて汚くないんだから」

ちくりと言う。今、安価で使いやすそうな紙おむつのCMを見ると、昔の私に届けたいと思ってしまう。

両親が旅行に行って留守のときは、子供をおぶって店に出た。

「大変ねえ。抱っこしててあげようか」

と言ってくれるお客さんもいたが、中には、

「所帯じみてて嫌だねえ」

と顔をしかめる人もいた。

子供をおぶって仕事をしていると、子供が動いて手元がぐらつく。それで、あるとき、お客さんの腕に熱い味噌汁をかけてしまったことがあった。

近所のお客さんだったので、次の日、ウィスキーを持ってお詫びに行ったら、

「主人、火傷《やけど》が痛くて、今日は会社を休んだのよ」

奥さんに苦い顔で言われた。

「本当に申し訳ありません……」

ぐずる子供を背に、涙ぐみながら謝る私を見て、かわいそうに思ったのか、

「うちだからよかったけど、今度から気をつけてね」

少しやさしい声になって言い、リビングのテーブルに飾ってあったバナナを二本、私にくれた。

ご夫婦はそのあと、私をかわいがってくれるようになり、店をビルに建て直したときには立派な鏡を贈ってくれた。その鏡は、今でも店の壁にかかっている。

そんなアクシデントがあると、子供を見てくれる祖父母がいるのは、恵まれているのかもしれない。口うるさくてもいいから、早く旅行から帰ってきてくれないかな、と思うのだから、人間とは勝手なものである。

仕事、子育て、両親との葛藤など、厳しい状況の中で、救いになったのは実家の母の言葉だった。

「子供を見てくれるというなら、見てもらいなさい。その間に仕事を覚えてしまえばいいのよ。どんなにおじいさん、おばあさんがかわいがっても、子供は親がいちばん好きなの。大きくなれば、子供は親の味方になるから大丈夫よ」

母も、きつい姑で苦労したので、つらさはよく分かっていた。両親と同居と聞いたとき、

「同居はつらいわよ。それが条件っていうなら、やめたほうがいいんじゃない？」

と、心配そうに言った。

「大丈夫よ。仲人さんが『お嫁さんが仕事に慣れるまではそばにいて面倒をみるけど、慣れたら若夫婦に任せて、両親は引退してのんびり暮らすって。二、三年すればお嫁さんの天下です』って言ってたもの」

私は自信満々で嫁いできたのだが、それが実現するまでには、長い歳月が必要だった。しかし、今さら実家に戻るわけにもいかない。ならば、母のアドバイスどおりにやってみようと腹をくくった。

夫の両親は寿司屋の技術は持っていないから、技術を身につけて見返してやろう。それが私の寿司屋修業の始まりだった。

シャリ切りを覚えた私が、二升炊きの重い釜（十キロ以上ある）をひょいっと持ち上げてシャリ切りを始めると、

「まあ、すごいわねえ」

姑が目を丸くしたのが、妙に気持ちよかった。

嫁いで三年後には調理師免許を取り、包丁の使い方、煮物、焼き物などの板前仕事も習った。夫は女性が寿司を握ることへの偏見はなく、聞けばなんでも教えてくれた。

「女の人は体温が高いから寿司を握るのに向かないとか、昔は言ってたけど、そんなことはないよ」

と言う。そのおかげで海苔巻きも巻くし、イクラやウニなどの軍艦巻きや、つまみの盛り付けなどもやり、玉子焼きのレシピも研究して、自家製の焼きたてを出せるようになった。

若い衆が辞めて、二人で仕事をするようになったときに、

「うちの女房は、そこらの若い衆より仕事ができますんで」

夫が言うのを聞き、舅、姑に叱られて泣きべそをかいていた私が、よくここまで来たものだと思った。そうなると自信がつき、両親に何か言われても、

「はあ、そうですか」

と聞き流せる。私がいなかったら店が成りたたないから、両親は、小言も遠慮するようになった。仕事ができるというのは勲章みたいなものだ。

考えてみると、私は両親に子供を取り上げられ、仕事に追いやられたと思っていた

が、仕事のほうが向いていたらしい。こうして寿司屋の技術を身につけたから、夫が亡くなった今でも店に出て、幼いころ、そばにいてやれなかった息子と、働くことができる。嫁いできたとき甘やかされていたら、技術も身につかず、本を書くこともなかったかもしれない。

昔はよく、夫のことを、

(なんでこの人は、私をかばってくれないの?)

と恨めしく思ったが、寿司屋を開店するためにすべてを投げ出してくれた両親に、強いことは言えなかったのだろう。夫は向こうっ気が強いのに、どこか気弱なところがあり、もう一押しというところで、

「まあ、いいか」

と、あきらめる癖があった。逆に息子は、穏やかで人当たりがいいが、自分が思ったことは曲げず、理詰めで意見を通す。夫が生前、

「あいつ意外と頑固だな……」

ぽつりとつぶやいたので、

「私に似たのかしら」

と言ったら、黙ってうなずいた。

祖父母にかわいがられて育ったせいか、息子は年配のお客さんにやさしい。

「僕はお年寄りが好きなんだよ」

と言い、食べやすいようにネタに隠し包丁をいれたり、握りを小さめにしたりする。そしてときどき、

「おじいちゃんに、釣りに連れてってもらったっけ」

「おばあちゃんに作ってもらった、味噌の焼きお握り、おいしかったなあ」

などと懐かしそうに言う。息子の中には、私の知らない思い出がたくさん残っているらしい。

夫が病床で、

「すまなかったな」

と目をしばたいたとき、

「あなたの両親がいなかったら、今の私はないわよ」

と言ってあげればよかったかなと、このごろになって思ったりする。

オイッと呼ばないで

嫁いだころ、夫に、

「オイッ、アナゴ炙ってくれ」

大声で用事を言いつけられると、

(ちゃんと名前があるんだから、オイなんて呼ばないでよ)

むっとしたがそのうち慣れて、なんとも思わなくなった。

あるとき、常連客のドイツ人、ビティヒさんがドイツからの友人を連れてきた。ビティヒさんは日本語が堪能《たんのう》で、夫とも仲がいい。

夫はいつものように、私に、

「オイッ、わさびくれ」

「オイッ、あがりだ」

そのたびに「はい」と返事をして動き回っていると、連れのドイツ人がビティヒさ

んになにかささやいた。どうしたのかなと思ったら、

「彼女は『オイ』という名前なのかって聞いてるヨ。説明してあげてネ」

ビティヒさんが、いたずらっぽい顔で夫に言った。

「いや、ええと、それは……ジャパニーズカスタム……」

思いがけない質問をされた夫は、口をもごもごさせている。ビティヒさんは三十年以上日本に住んでいるから、オイの意味はよく分かっている。笑いながら、ドイツ語で友人に説明し始めた。じっと説明を聞いていたドイツ人は、英語で、

「では、あなたは何という名前なのか？」

と質問したので、

「マイ・ネーム・イズ・ヨシエ」

「では、ヨシエは彼を何と呼ぶのか」

さらに聞かれた。そこで、

「マイ・ダーリン」

冗談で答えると、大爆笑になり、

「オオ、ベリー・グッド！　オイ・イズ・ノー・グッド」

ドイツ人が言った。夫は間の悪そうな顔で、

「もうオイッと呼ぶのはやめるよ。参ったなあ」

と頭をかき、それからは、

「お母さん」とか「ヨシエ」と呼ぶようになった。うっかり、「オイ」と言ってしまい、私が渋い顔をすると「ヨシエさん」と、ねこなで声でごまかすこともあった。


お客さんは私たちのことを、マスター、ママと呼んでいたので『寿司屋のかみさんうちあけ話』にそう書いたら、

「レストランではないのだから大将とか親方、おかみさんと呼ぶのが正しいはずだ」

という葉書が関西の読者から何通か来た。私はありのままを書いたのだが、関西の人には違和感があったらしい。

昭和五十年代は、近所の床屋さんも、とんかつ屋さんも、焼き鳥屋さんも鰻屋さんも、ご主人は「マスター」で、奥さんは「ママ」またはそのまま「奥さん」と呼ばれていた。大将とか親方、おかみさんと呼びかける人は、ほとんどいなかったように思う。

本の中に板前さんと書いたら、職人さんというのが正しいという葉書も来たから、関東と関西では呼び方が違うのだなと思った。

本を出してからは読者が店に来てくれて、私のことをおかみさんと呼ぶことが多く

なった。それといっしょにマスターも大将に変わり、平成の中頃からは、ほとんどのお客さんがそう言うようになった。

でも、若い女性客の中には私たちを、

「お父さん、お母さん」

と呼ぶ人もいて、夫は笑顔で答えていた。その人たちは、夫の命日にお線香やお花を持ってきてくれて、

「二階からお父さんが下りてきて、『おっ、いらっしゃいっ』なんて言うような気がします」

と涙ぐんで言ってくれる。

十年前に二代目が店に入ったときは、常連さんたちが、何と呼ぼうかと首をひねっていた。ジュニア、若大将、小大将、二代目、豊くん、豊さんなどで、

「そんなの、なんでもいいっすよ」

と夫は笑ってたから、お客さんは思い思いの呼び方をしていた。みすずコーポレーションの塚田さんは「豊くん」、ひと月に一回、必ず来てくれる高月《こうづき》さん夫妻は「若」と親しみを込めて呼んでくれていたが、夫が亡くなってからは、

「大将」

「ご主人」

と呼びかけてくれた。最初にそう呼ばれたとき、二代目は照れくさそうだった。

私は「ご主人」という言葉を聞いたら夫の顔が浮かび、涙ぐんでしまった。

今、仕事中に二代目に声をかけるときは、

「豊さん、白焼きはどちらさまですか？」

と言うようにしている。二代目も、

「すみません、エビを二十五秒茹でてください」

私に丁寧に言う。やはり仕事場では、きちんとした言葉遣いをしたいと思うからだ。

せんだってお客さんからこんな話を聞いた。家族経営のラーメン屋さんに行ったときのこと。お母さんが何かミスをしたらしく、息子が、

「お袋、なにやってんだよおっ」

と、すごい剣幕で怒鳴りつけていた。お客さんはそれを見て、

「おいしい店だけど行かなくなりました。親を怒鳴るなんて、とんでもないですよ」

と話してくれた。すると二代目が、

「僕がそんなことしたら、クビになります」

と、言ったので大笑いになった。

おもしろいもので、そんな風に他人行儀な言葉遣いをしていると、私を洗い場のおばさんと思うお客さんもいて、

「焼きたての玉子焼き、いかがですか？」

なにげなく勧めたら、なに話しかけてんの？　というように、プイッと横を向かれたことがある。そのときは、

（ああ、お父さんがいたらこんな態度はされないのにな……）

胸の奥が、きゅうっと痛くなった。

四十年来の常連の下田さんは、二代目を大将と呼んでくれる。そして夫の思い出話をするときは、

「マスターは野球が好きだったねえ」

などと懐かしそうに話す。それを聞くと、夫がつけ台から身を乗り出して、楽しそうに話をしていた光景が浮かんでくる。夫のことをマスターと呼んでくれる人は、下田さんだけになった。

私の一人寿司

うちの朝ご飯は夫がいたときと同じ十一時だ。二代目が魚河岸から帰ってくるのが九時ごろで、それから仕込みだ。アナゴを煮ている間に、コハダやサバなど締めものの仕込みをする。コハダは塩をふって十五分、サバはたっぷりの塩で一時間くらい置くから、タイマーが次々に鳴って朝の厨房は賑やかだ。

仕込みが片付くと、ようやく朝ご飯になる。メニューは、熱々のご飯に味噌汁。冬はトン汁が多い。おかずは野菜をたっぷり添えた豚の生姜焼きとか、自家製の春巻き、ゲソフライ、すき焼きなどカロリー高めのメニューだ。夫がいたころの春巻きはエビ、イカ、平貝などにシイタケとねぎを加えた海鮮春巻きだったが、最近はこれに豚肉とコーンを入れてこくと甘みを出している。二代目は朝早く、豊洲と築地に仕入れに行って歩き回ってくるから、朝ご飯はボリュームのあるものが多い。

二代目が家族の待つ家に帰り、私一人の朝ご飯のときは、イカやマグロの切れ端にわさびをたっぷりおろして刺身定食にする。ご飯は土釜で一合炊き、刺身で一膳食べ、残ったのは納豆ご飯にする。釜底に狐色のおこげができているから、納豆をかけて食べると香ばしくておいしい。手作りの糠漬けを添えれば、最強の朝ご飯だ。とはいっても、刺身定食ばかりでは飽きるので、インターネットで取り寄せた、冷凍おかずセットで済ませるときもある。

夫がいたときは冷凍食品とかスーパーのお惣菜《そうざい》を出すと機嫌が悪くなり、ほとんど箸をつけなかったので買わずにいたが、お取り寄せの冷食はバラエティに富んでいておいしいし、一人で食べるのにちょうどいい量だ。こういうときは、気楽になったなと思ったりする。

こんな風に書くと、よく食べるなあと思われるかもしれないが、夫が亡くなってからしばらくは、ぜんぜん食欲がなく、うどんとか菓子パンを少し食べるのがやっとだった。でも、仕事は休まなかったから、

「おかみさん、痩せましたねえ」

と常連さんに心配された。

おもしろいことに、食欲が戻ったのは寿司がきっかけだった。四十九日が過ぎ、お返しの品を買いに新宿のデパートに行ったときのこと。昼時だったけれど食欲がな

い。でもなにか食べないといけないので、地下の食品売り場でパンでも買おうとエレベータに乗ったら、なぜか十二階のレストラン街に着いてしまった。

そこには夫とときどき行った寿司屋がある。そう思ったとたん寿司が食べたくなった。寿司屋に一人で行くのは初めてだが、デパートの中だから女性一人でも入りやすい。

小さいテーブル席に座り、註文票に好きなネタの個数を書き入れていった。

アナゴ、中トロ、イカ、ホタテ貝を二貫ずつ合計八貫で、シャリは小さめとお願いした。八貫というのは寿司一人前の量だ。食べられるかなと思ったが、あまり少なくても悪い。それに清潔な白衣を着た板前さんの、

「いらっしゃいませっ」

「テーブルさん、あがりました」

などという威勢のいい声を聞くと、暗い雲のすき間から、日が差したような気持ちになった。しばらくして、四角い皿にきれいに並んだ寿司がテーブルに置かれた。皿盛りの寿司というのもいいものだなと思いながら箸を伸ばし、アナゴを口に入れると、温かいアナゴがほろりと口の中で溶けた。

(おいしい……)

久しぶりに感じたアナゴのうまさだった。ツメはうちの味つけよりやや甘めで、やさしい味がする。夫が亡くなってから、二代目が、

「寿司を握ってあげるから、カウンターに座りなよ」

と言ってくれたが、二、三貫しか食べられなかったのに、この店に入ったら食欲が湧いてきた。ホタテは甘く、中トロは、ほど良く脂がのっている。スミイカは歯切れがよくて、わさびが食欲をそそる。

すぐに八貫を食べ終わり、アナゴをもう一貫とトロタク巻きを追加した。サービスの赤だしの味噌汁もおいしいし、ややぬるめのお茶も飲みやすい。

(うちのお茶もこのくらいの温度にしたほうがいいかもしれない)

と考えていたら、こんなことを思い出した。昔、初めて見えたお客さんが、

「すみません、下戸なんでお茶をください」

申し訳なさそうに言ったら、

「とんでもないっす。寿司にはお茶ですっ」

夫がにこやかに答えたので、お客さんは安心した顔で、寿司をたくさん食べてくれた。その人が帰ってから、

「飲みすぎて、くだを巻く人より、お茶で寿司をつまんで、さっと帰る人のほうがあ

りがたいよなあ」

「ほんとね。いくらお金使ってくれても、酔っぱらって食べたものも覚えてないんじゃ、寿司がもったいないものね」

と二人で話したことがあった。あのころは夫も私も若くて元気で、仕事するのが楽しかったなと思いながら、トロタク巻きとアナゴを食べ終わった。

「お茶、おかわりいたしましょうか？」

お店の人が親切に聞いてくれたが、もうおなかが一杯だから、お勘定して店を出た。気づくと足取りも気分も軽くなっている。

それから少しずつ食欲が戻って、朝ご飯も、ちゃんと食べられるようになった。このごろは休みの日に、この寿司屋に行くことが多い。夫はカウンターしか座らなかったからそうしていたが、私はカウンターが苦手だ。寿司だけでなく焼き鳥屋でも天ぷら屋でも、目の前に人が立っていると落ち着かない。だから一人用の小さいテーブルで、お好みの寿司を食べることにしている。

そこに通っているうち、ホールの人と顔なじみになり、眺めのいい窓側のテーブルを勧めてくれたり、

「わたし、今度、別の支店に転勤になります。やさしくしていただいて、ありがとう

ございました」

などと、挨拶されたこともあった。店の人は私が寿司屋とは知らないはずだから、ときどき来るアナゴ好きのお客さんと思っているだろう。

それにしても、あのまま食べられずにいたら、体を壊していたかもしれない。

地下に行くはずだったのに十二階に着いたのは、

(おいおい、いつまでもしょんぼりしてんじゃねえよ。寿司でも食べて元気出せ!)

と、夫が背中を押してくれたのかな、などと考えたりする。

寿司屋で合コン

常連客の河野《こうの》さんが、

「おかみさん、ちょっと頼みがあるんだけど」

と言った。河野さんは工務店を経営する傍ら、趣味のバンド活動でギターを弾いている、六十代半ばのアクティブな男性だ。

「はい、なんでしょう？」

「あのさあ、この店で合コンやりたいんだけど、貸し切りにしてもらえるかな」

「えっ、合コンですか？」

「僕のバンド仲間って、独身の男が多いんですよ。ＩＴ関係の仕事で時間が不規則だから出会いがないとかで。それで僕が出会いの場を作ってあげようと思って」

河野さんは真剣な顔で言った。

「まあ、それはいいですね」

「この店は何人入れるの？」

「テーブル使って最大十三人です」

合コンには、狭いのではと思いながら言うと、

「そんなに大勢じゃないから、カウンターだけでいいですよ。決まったら連絡しますから」

そう言って帰った。そのあと私と二代目は、

「合コンっていうけど、予算はどうなのかしら」

「そうだよねえ。うちじゃちょっと高すぎるでしょ」

貸し切りだとしたら、コースということになる。コース一万二千円に飲み物に、税金が十パーセント入るとかなりの金額になる。うちは大歓迎だが、合コンにはちょっと不向きかもしれない。

「まあ、連絡があったら考えましょう」

ということにした。それからしばらくして河野さんから連絡があった。次の週の月曜日に九人で予約したいという。幸い、ほかの予約は入ってないので、

「かしこまりました。コースのご用意でいいですか？」

と聞くと、

「いいですよ」

あっさり言った。

いよいよ、合コンの当日になった、予約は七時なのでそれまでに準備万端整えた。お通しは白エビにイクラを乗せた小鉢。これは彩りがきれいなので女性に喜ばれそうだ。そのあと、シシャモのから揚げを出すので、シシャモを九本、下揚げしてバットに並べた。お客さんが見えたら高温でさっと揚げてお出しする。シシャモに添えるレモンも、くし形に切っておく。こういう細かいことをしておかないと、

「レモンがないっ」

「お皿が足りない」

などとパニックになってしまうのだ。

準備ができたとき、河野さん一行が来店した。合コンというから若い男女の集まりかと思ったら、四十代から五十代くらいの落ち着いた感じの人たちだ。河野さんがカウンターの中央に座り、あとは男女が隣同士になるように席割りした。

男性四人は地味でまじめそうな人たちで、女性は生命保険会社とか外資系の会社の華やかな感じだった。それぞれ趣味で音楽をやっていて、男性はギター、サックス、女性はボーカルとか、ピアノを担当しているという。初対面でも共通の話題が多いの

で話がはずみ、河野さんも嬉しそうだ。

この中からカップルができるかなと思っていたら、つまみや寿司が出てくると話が途絶え、女性が身を乗り出して、

「大将、この金目鯛はどこで獲れるんですか？」

などと興味津々で尋ねる。

「これは千葉の銚子《ちょうし》沖です。金目は伊豆《いず》と思われがちですが、僕は銚子の金目がいちばんだと思ってます。値段は高いですが」

二代目が話すと、

「そうなんですね。伊豆で食べたのよりおいしいわ」

「ほんとねえ」

話がどんどん食べ物のほうに行ってしまう。女性たちは食べ歩きが好きで、旅行に行っては、土地のおいしいものを味わっているという。男性はあまり食べ物に関心がないらしく、話を聞いているだけだ。そのうち席を入れ替わる人が出てきて、河野さんの周りに女性が集まり、

「河野さん、いつもここにきているんですか」

「こんなおいしいものを食べていいなあ」

男性陣は手持ちぶさたな様子でお酒を飲んでいる。最後にトロ漬け炙りが出ると、女性たちから、

「大将、おいしいですっ」

と言われ、二代目は、

「ありがとうございます」

言葉少なに頭を下げた。夫だったらここで、トロ漬けのうんちくを語るところだが、二代目は余分なことは言わずニコニコしている。最後にシジミのお椀を出すと、

「わあっ、シジミというよりアサリみたい！」

「青森の十三湖《じゅうさんこ》のシジミです」

「おいしいですねえ」

女性たちは感動したように言ってくれた。河野さんに伝票を持っていくと、

「ずいぶん安くしてもらって悪いですねえ」

と言ってポンッと払ってくれた。会費を集めたようではないので、

「これ、河野さんのごちそうなんですか」

小声で聞いてみた。

「そうですよ。コンサートのときに、協力してもらったりするから」

「太っ腹ですねえ」

びっくりして言ったら、

「そんなことないよ。さあ、これから二次会だ。○×を予約してあるから」

河野さんは東中野の駅のそばにある、こぢんまりしたライブハウスの名前を言った。

「おいしいもの食べたから、いい声が出そう。私、歌います！」

ボーカルの人がきれいな声で言い、

「じゃあ、僕はサックスを」

さっきまで無口だった男性が、目を輝かせた。

「大将とおかみさんもあとで来ませんか」

と河野さんが言ってくれたが、片付けがあるので遠慮した。一行をお見送りしたら、小雪がちらついてきた。

「寿司屋で合コンは向かないかもね。二次会のほうが盛り上がりそう」

洗い物をしながら言うと、

「カウンターだしね。それにしてもみんな静かだよね」

二代目が感心したように言った。確かにあれだけの人数が集まったのに、酔っぱらう人もいないし、大声を出す人もいない。世の中、変わったなと思った。

「昔の寿司屋には、酔っぱらいと不倫が一杯いたけどね」

「不倫？」

「そうよ、昔は愛人とか二号さん、セカンドワイフなんて言ってたのよ。不倫なんて言わなかった。浮気って言ってたわね」

話していたら、何十年も前の毛蟹《けがに》事件を思い出した。あれもやはり、小雪が降る寒い夜だった。その日はお客さんが少なくて、カウンターに常連のお客さんと連れの女性が座っているだけだった。そのころはよく毛蟹を仕入れていたので、二人は肩を寄せ合いながら毛蟹を食べていた。女性は三十代半ばの水商売らしい色っぽい人で、毛蟹の身をほぐしては男性の口に入れたりしている。ほかにお客さんがいないからいいが、あまり見たくない光景だ。

男性は、家族と来ることもあるので、

（こんな女の人連れてきていいのかしら？）

ハラハラしながらお酒を運んでいた。夫は黙々と、出前の寿司を握っている。天気の悪い日は出前が多い。当時は店が暇でも出前で稼げたから、雪でも雨でも、できる限り配達していた。出来上がった寿司を岡持ちに入れ、

「じゃあ行ってくるよ」

「雪だから気をつけて」

戸を開けたら、店の前に人が立っている。見ると男性の奥さんだ。夫は、

「あっ、どうも毎度……」

もごもご言いながら、バイクに乗っていってしまった。奥さんは店の前に仁王立ちだ。肩が雪でうっすら白くなっているから、かなりの間そこにいたらしい。入り口の戸は、ガラスの上の部分が素通しだったので、肩を寄せ合って蟹《かに》を食べているのを、歯ぎしりしながら見ていたに違いない。そう思ったら奥さんが気の毒になった。

「な、なんだ、おまえ……」

「あなたこそ、何してるんですか？　こちらどなた？」

奥さんがずいっと店の中に入ってきた。これは修羅場になるかもしれない。どうしよう。こういうときに出前に行っちゃうなんて、お父さん、ずるいと思いながら立っていると、

「いつもお世話になっている取引先の人だよ」

苦しいいいわけが出てきた。

「へえ、そうですか」

奥さんがにらむと女性は、バッグとコートをつかんで外に走り出ていった。

「帰りますよ」

奥さんが氷のような声で言ったときに夫が戻ってきた。

それから、男性も家族も来なくなってしまった。これは夫と私の間で「毛蟹事件」という伝説になって、ときどきあのときのことを思い出し、

「お父さんずるいわよね。知らんぷりで行っちゃうんだもの。私一人でどうしようかと思った」

「だって出前があったんだからしょうがないだろ」

こんな話を二代目にしたら、

「昔はいろいろあったんだねえ。今はそういう人いないもんね」

「みんな、静かに寿司を楽しんでくれるから助かるわ」

「オトンが逝っちゃって最初はどうなるかと思ったけど、何とかなってるからよかった。貸し切りも最近多いし」

二代目は穏やかな顔で言った。夫がいたころは、貸し切りはほとんどなかったが、ここ一年くらいでずいぶん増えた。祖父母と若夫婦に親戚の人、赤ちゃんも入れて八人で貸し切りや、会社関係での予約が来る。今回の合コンもそうだが、事前に準備で

きるのでありがたい。

「豊さんは、今の状態をどう思っているの？」

と聞いてみた。

「いずれ、ひとを入れることも考えてるよ。でも、もうしばらくは、この体制で行きたい。今がいちばん働きやすいんだ」

「へえ、お父さんがいるときよりも？」

「そうだね。やはり魚の仕入れとか、オトンの意見も入れなくちゃいけなかったりしたけど、今はすべて、自分の責任でやれるからね」

そういえば何年か前、意見の食い違いがあり、二代目がメールで夫に抗議したことがあった。あのとき夫はメールを読んで、

「了解」

とだけ返信した。何が原因か私には分からなかったが、それから、夫は少しずつ一線から退くようになっていった。親がやっていた店を引き継ぐのは、いいこともあるが責任も重い。二代目は、

「僕は親から引き継いだこの店をきちんと存続させて、この次の代にバトンタッチしたいと思ってる。次の代が息子になるか、他人になるか分からないけど、それまでし

つかりやるつもりだよ」

と言う。考えてみると、夫と私が四十代のころは、息子が後を継いでくれるとは夢にも思わなかった。本人も寿司屋にはならない、サラリーマンになると言っていた。それが今、こんなことを言うようになったのだから、先のことは分からない。

夫が元気だったとき、お客さんとこんな話をした。

「大将が八十になったとき、お孫さんが寿司屋になってたら、つけ場の中に三代並びますね。いいなあ、そういうのって」

「孫が寿司屋になるかどうか分からないけど、そうなったら最高っすね」

夫は楽しそうな笑顔になった。その夢はかなわなかったが、夫がいなくても、常連さんが応援してくれるし、新規のお客さんも、

「名登利寿司さんですか。予約をしたいんですけど……」

と電話をかけてくれる。二代目は、

「オカン、人生百年時代だから、せめて八十歳までは店にいてください」

と言う。私の引退はもう少し先になりそうだ。

あとがき

二〇二〇年春のお彼岸に、千葉県の茂原市にある菩提寺にお参りに行くつもりでいた。夫は両親や祖父母と、そこに眠っている。家から茂原市までは、電車で二時間くらいかかり、お寺は茂原駅から離れたところにある。一日がかりの墓参りになるから、そのつもりで準備していたら、新型コロナウイルスの外出自粛で、出かけられなくなってしまった。

「お父さん、行けなくてごめんなさい。コロナが収束したら行くから、待っててね」

と、仏壇に手を合わせ、お花やお酒を供えた。

三月後半になると、店の予約のキャンセルがふえ、カウンターは空席が目立つようになった。

「困ったな、仕入れをどうしよう……」

息子は、毎日、頭を抱えている。仕入れるものは値が張る生ものばかりだ。お客さんが来なければ、どうにもならない。

「いま入っている予約が終わったら、休業しようか」

「それがいいかもしれないわね」

二人で話し、四月の前半から店を閉めることにした。最終営業日は、昔からの常連さんばかりだった。

「この後、しばらく休みますので」

とあいさつすると、

「おかみさん、元気でね。再開するときは、必ず連絡してくださいね」

女性のお客さんが言ってくれたので、

「真っ先に連絡します」

と言いながら、寂しくて胸が詰まった。

最後のお客さんを見送ってネタケースの中を見ると、マグロ、金目鯛《きんめだい》、クエ、イカ、ホタテ貝、ホッキ貝などが残っている。どれも生きのいいものばかりだ。

「もったいないわね……」

と言うと、

「金目鯛は切り身にして、醤油漬《しょうゆづ》けで冷凍しておけばいい。イカも、ホタテも小柱もタコも冷凍しておくから。オカンが食べたいときに、解凍して食べて。イカは刺身でいけるし、貝はてんぷらにしてもいいし」

息子がてきぱきと指示した。マグロとかイワシは、息子が家に持ち帰って家族で食べるという。廃棄するものは、ほとんどなかったのでほっとした。

店は休みだから仕事もないし、食事は自分の分だけ用意すればいい。はじめのうちは、気楽でいいとのんきに構え、冷凍庫に入っている小柱やホタテ貝、イカなどをかき揚げにしたり、筑前煮、春巻き、餃子など手のかかる料理を作った。

ところが、食べてくれる人がいないと、作っても張り合いがない。たくさん作ったかき揚げや春巻きの残りは冷凍庫に保存し、イカ、タコなどの刺身と納豆で、ご飯を食べていた。

家の掃除もやりつくし、さて何をしようと思ったとき、タイミングよく担当編集者からこの本の著者校正用ゲラが届いた。本書の元になっているのは、二〇〇〇年から、ずっと書いていた日記だ。二〇一八年九月に夫の病気が分かってからは、入退院の日付、各種の検査、使った薬、病院食のメニュー、さらに店のお客さんや魚のことも書いてある。店の仕事と看病でくたくたになっても、一日も休まずに書いたのは、夫が元気になったときに、

「お父さん、このときは大変だったわねえ。脳転移で記憶が飛んじゃって、ほんとに、心配したわ」

「循環器の渡邉雅貴先生が、診察に行くたびに励ましてくれて、ほんとにありがたかったね」

などと、二人で話せたらと思ったからだ。その思いも届かず、病状がどんどん悪化していったときは、パソコンの画面が涙で曇って見えなくなったりした。

夫が亡くなって数ヵ月は、日記を開くこともできなかったが、半年ほどたったころに読み返し、

（これを活字にしたい。病気のことだけでなく、お父さんのやってきた仕事や、元気なころのいろいろなできごとをまとめて本にしたい）

と思い、講談社文庫に企画書を送って、ゴーサインが出たのだった。

休業中だからかかりきりになれたので、締め切りよりだいぶ早く著者校正が終わった。さて、ゲラを返送しようと外に出たら、階段の上り下りが辛くなっているのに気付いた。以前は階段を駆け上がれたのに、自室のある三階まで上がるのに休み休みだ。営業自粛中、動かずにいたら脚の筋力が衰えてしまったらしい。これでは店を再

開したとき、仕事ができなくなる。足腰を鍛えなくてはと思い、近くにある神田川沿いの遊歩道を歩くことにした。

ここは夫が元気なころ、散歩をしていたところだ。魚河岸の仕入れを息子に任せるようになってから、運動不足解消のために散歩をするようになり、休みの日には二人で歩いた。それを思い出すと辛かったが、仕事のためだからがまんして、

「コロナなんかに負けるものかっ」

とマスクの中でつぶやきながら、せっせと歩いた。疲れると、ベンチに座って神田川の水面を眺め、

(お父さん、もうじき45回目の結婚記念日よ。いっしょに迎えたかったね……)

胸の中で夫に話しかけた。

そのうち、だんだん日差しが強くなってきて、外を歩くのはきつくなってきた。そこで考えた。外を歩くより、うちの店の中を歩いたほうがいいのではないか。屋内なら人と接触しないし、交通事故の危険もない。クーラーをつけていれば熱中症にもならない。それに、私が歩くのは店の中がほとんどだから、復帰時のシミュレーションにもなる。

次の日から、営業中と同じようにエプロンをつけ、サンダルを履いて店の中を歩く

ことにした。狭い店だから、ちょっと歩くと回れ右だ。退屈しないように、テレビをつけ、感染者数に一喜一憂しながら、万歩計をつけて五千歩を目安に歩いた。ただ歩くだけではつまらないので、お客さんがいることをイメージし、

「いらっしゃいませ」

「生ビール、お待たせしました」

「お味噌汁です」

大きな声で言い、グラスやお椀《わん》を運んで、カウンターに置いたりするようになった。店のシャッターを下ろしたままの一人芝居だ。この光景を誰かに見られたら、

（おかみさん、ちょっとやばいかも……）

と思われただろうが、本人は大まじめだ。若い人なら二ヵ月くらい休んでも、じきに仕事になじむだろうが、私は70歳だ。じっとしていたら元に戻るのは難しい。努力するしかないと思った。

息子は、ときどきやってきて冷蔵庫をチェックしたり、ネタケースのスイッチを入れて、ちゃんと作動するか確かめていた。機械も人間も、いざというときに動かなかったら大変だ。

店の中で歩いていることを話すと、

「その気持ちわかるよ。ぼくは家で寿司を握った。腕が落ちてると困るからね」と言ってスマホを見せてくれた。そこには大皿に盛った、色鮮やかな寿司が映っていた。マグロやサーモンなど赤いものが多い。数日前に豊洲市場の様子を見に行き、ついでにサーモンやマグロを買ってきて、家族に寿司を食べさせたという。

「きれいな寿司ねえ」

感心して言うと、

「休んでいても腕は落ちてなかったよ。子供も喜んでた」

「よかった。それで、豊洲市場はどうだったの？」

「いつもは混んでるのに、がらんとしてぜんぜん活気がなかったよ。飲食店がやってないからしょうがないけど、これがいつまで続くんだろう。ああ、店を開けたい。寿司を握りたいっ」

息子は、たまりかねたように言った。

ようやく緊急事態宣言が解除になり、店の再開をホームページにあげると、お客さんから次々と電話やメールが来た。こちらから連絡した人もいたので、初日はすぐに満席になった。と言っても、以前のようなわけにはいかない。三密を防ぐため席数を減らし、営業時間も短くすることにした。来店時には、手をアルコール消毒してもらうコロナ対策をしながらの営業だが、来てくれたお客さんは、

「毎日、ホームページを見て、チェックしてたんです」

「お店の前を通るたびに、まだシャッターが下りたままだね、なんて言ってたんですよ」

と言ってくれたので、本当にうれしかった。

再開した日、片付けが終わってから息子とシャンパンで乾杯した。このシャンパンはお客さんが再開祝いにプレゼントしてくれたのだ。息子はバイクで通勤しているからふだんは飲まないが、その日はこちらに泊まるというので安心して飲めた。久しぶりによく働いたから、シャンパンの甘みが心地よく体にしみこむ。

「お客さんが来てくれてよかったね」

「ほんとにありがたいわ。お父さんも喜んでるわ、きっと」

夫の写真を見ながら言うと、

「オトンが、今も元気だったら、どうだったかな」

息子が言った。

「そうねえ。コロナでオリンピックが一年延期になったから、おれたちの引退も延期

だ、なんて言ってたかもしれないわね」

話していたら、夫が入院中のできごとを思い出した。長時間の点滴が終わると、両手を握ったり閉じたりしていたから、

「点滴したから、痛むの？」

心配になって聞いたら、

「いや、寿司を握るのに手が動かないと困るから、リハビリだよ」

ちょっと照れ臭そうに答えた。自粛中に息子が家族に寿司を握ったのと同じように、夫も寿司が握りたくてたまらなかったのだろう。

この本の中には家庭人としての夫の姿は、ほとんど書いていない。昭和時代の父親の多くがそうだったように、仕事で頭がいっぱいで、子供の入学式も卒業式も授業参観も行ったことがなかった。小学校の運動会は、日本ダービーの開催日と重なっていたからパスである。仕事と自分の趣味が優先の人だったが、葬儀の後で娘が、

「やっぱり、いいお父さんだったよね……」

ぽつりと言ったら、息子が目をうるませながらうなずいた。

この本が刊行される二〇二〇年九月、夫の三回忌を迎える。夫がこの本を見たら、

「おいおい、おれはこんなおっちょこちょいじゃねえぞ。恥ずかしいじゃねえか」

と、空の上から早口の巻き舌で言うかもしれない。でも、私が一緒に働いてきた夫は、お日様みたいに明るくてくったくがなく、ちょっとお調子者の寿司屋の大将なのだ。

二〇二〇年八月　佐川芳枝

本書は文庫書下ろしです。

|著者|佐川芳枝　1950年東京生まれ。昭和学院高等学校卒業。都市銀行、社団法人信託協会勤務ののち、'75年名登利寿司主人と結婚。'78年調理師免許取得。寿司とうまいものに関する著書多数。『寿司屋の小太郎』（ポプラ社）で、第13回椋鳩十児童文学賞受賞。本書は「寿司屋のかみさん」大人気シリーズ八作目となる。

寿司屋《すしや》のかみさん　サヨナラ大将《たいしょう》

佐川芳枝《さがわよしえ》

講談社文庫

定価はカバーに
表示してあります

2020年９月15日第１刷発行

発行者――渡瀬昌彦
発行所――株式会社　講談社
東京都文京区音羽2-12-21　〒112-8001
電話　出版（03）5395-3510
　　　販売（03）5395-5817
　　　業務（03）5395-3615

デザイン―菊地信義
本文データ制作―講談社デジタル製作
印刷―――豊国印刷株式会社
製本―――株式会社国宝社

Printed in Japan

ISBN978-4-06-520625-6

講談社文庫刊行の辞

二十一世紀の到来を目睫に望みながら、われわれはいま、人類史上かつて例を見ない巨大な転換期をむかえようとしている。

世界も、日本も、激動の予兆に対する期待とおののきを内に蔵して、未知の時代に歩み入ろうとしている。このときにあたり、創業の人野間清治の「ナショナル・エデュケイター」への志を現代に甦らせようと意図して、われわれはここに古今の文芸作品はいうまでもなく、ひろく人文・社会・自然の諸科学から東西の名著を網羅する、新しい綜合文庫の発刊を決意した。

激動の転換期はまた断絶の時代である。われわれは戦後二十五年間の出版文化のありかたへの深い反省をこめて、この断絶の時代にあえて人間的な持続を求めようとする。いたずらに浮薄な商業主義のあだ花を追い求めることなく、長期にわたって良書に生命をあたえようとつとめるところにしか、今後の出版文化の真の繁栄はあり得ないと信じるからである。

同時にわれわれはこの綜合文庫の刊行を通じて、人文・社会・自然の諸科学が、結局人間の学にほかならないことを立証しようと願っている。かつて知識とは、「汝自身を知る」ことにつきていた。現代社会の瑣末な情報の氾濫のなかから、力強い知識の源泉を掘り起し、技術文明のただなかに、生きた人間の姿を復活させること。それこそわれわれの切なる希求である。

われわれは権威に盲従せず、俗流に媚びることなく、渾然一体となって日本の「草の根」をかたちづくる若く新しい世代の人々に、心をこめてこの新しい綜合文庫をおくり届けたい。それは知識の泉であるとともに感受性のふるさとであり、もっとも有機的に組織され、社会に開かれた万人のための大学をめざしている。大方の支援と協力を衷心より切望してやまない。

一九七一年七月

野間省一